幸せな「ひとり老後」を送るためのお金の本

竹下さくら

はじめに

私の仕事の「ファイナンシャルプランナー」（FP）は、個々のご家庭のお金の不安を聞いて解決策を一緒に考える仕事です。開業してから20年以上経ちますが、老後に不安を感じていない人の相談をこれまで受けたことがありません。みな、それぞれ、不安でいっぱいです。

もっとも多いのは、「老後資金が足りないのではないか？」という漠然とした不安症候群の方々です。けれども、将来の老後の年金額は試算して概算額をつかめる時代ですし（P20参照）、日々の家計支出は自身で把握できるはずです。差し引きしてみて足りない人のほうが多いので、その差を把握することから始め、差をうめる資金づくりを始めたり（第3章）、支出を減らす努力を少しずつ始める（P28～）のが不安を解消するための最善の一歩です。

「そうはいってても長生きしてしまうかも？」「要介護状態になってしまったら……」

「病気で入院しっぱなしになるかもしれない」と不安は尽きないのですが、そんな〝確率が低いかも〟と思われる事柄には、保険をうまく使えばよいのです（第4章）。

先行き不透明な時代にあって、将来に対し、不安を感じるのはあたりまえのことだと思います。たとえて言うと、落とし穴だらけの人生という道を、暗闇の中、漠然とした不安を抱えて進んでいるような状況にいます。穴の位置や大きさがわかれば、不安は残りつつもうまく回避して進んでいけそうです。不安を完全になくすことはできませんが、不安と上手につき合って前に進んでいきたいものです。

以前とは違って、今は「国」に頼れない時代ですし、会社など「勤め先」も自分を守ってくれなくなりつつあります。これまで頼ってきた親や配偶者などの「家族」も高齢になったり、認知症になったり、心が離れたりして、アテにできないという人も増えています。「自分」でちゃんと舵とりせざるをえないのが現状です。今あらためて、ひとりで立って前を見て歩いていくことが大切です。

本書は、ひとり立ちに必要な環境の〝整え方〟について「暮らし」「住まい」「老後資金」「保険」「葬儀・お墓」の5つの章に分けて解説しています。すでに取り組み済みの章は飛ばして、興味のある章から読み進めてください。

今シングルの人も、将来的にシングルになる人も（今、配偶者がいる人も平均寿命などからすると最期はひとりです）、攻めの姿勢で一歩前進を目指しましょう。

最後に、この本の出版の機会をくださり、的確なアドバイスをいただいた秀和システムの石橋美樹さんに、この場を借りて心から御礼申し上げます。

2020年12月

竹下さくら

第3章 「老後資金」を整える

第4章「保険」を整える

第5章「葬儀・お墓」を整える

※この本に掲載されている、すべての情報・数字は2020年12月現在のものです。

第1章
今のお金の現状を知り、暮らしを整えよう

日本女性の2人に1人は90歳以上まで生きる

退職後の膨大な時間の過ごし方を考え始めよう

現在、女性は人生90年、男性は人生80年というのがあたりまえになってきました。２０２０年7月31日に厚生労働省が発表した**２０１９年の平均寿命は、女性87・45歳、男性81・41歳**でした。

「人生１００年ってよく耳にするけど」と言う人は正解です。左図のように平均寿命はずっと延び続けているため、今の現役世代の人は１００歳まで生きる前提でライフプランを立てないと大変ですよ、という話は本当なのです。

ちなみに、左図での２０２０年以降の数字は推計値です。２０２０年時点で、女性は87・65歳と予想されており、２０１９年の実績値は87・45歳だったわけですので、予定通りの推移であることがわかります。一方、男性は、２０２０年80・93歳と予想されていますが、すでに２０１９年でその予定を超えた81・41歳となりましたので、想定よりも長生きする可能性も十分あります。

日本人の平均寿命は、ずっと延びつづけてる

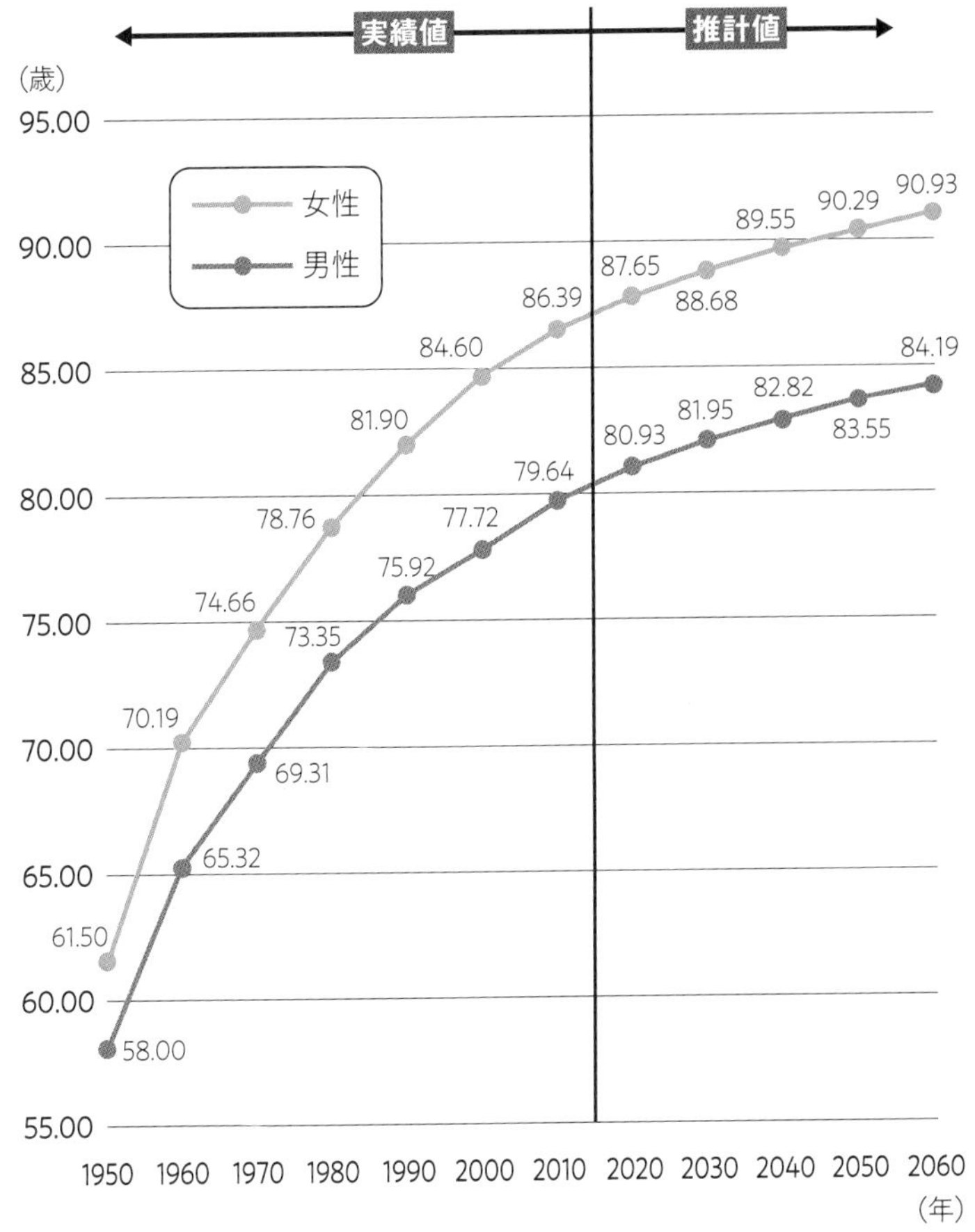

資料：1950年及び2010年は厚生労働省「簡易生命表」、1960年から2000年までは厚生労働省「完全生命表」、2020年以降は、国立社会保障・人口問題研究所「日本の将来推計人口（平成24年1月推計）」の出生中位・死亡中位仮定による推計結果

（注）1970年以前は沖縄県を除く値である。0歳の平均余命が「平均寿命」である。

平均寿命が延びる要因としては、衛生状態・栄養状態の改善や、医療技術の発達などが寄与しています。日本人の平均寿命は、ここ50年ほどのあいだに20歳以上延び、今後も延びつづけると推計されています。

ただし、気をつけておきたいのは、これはあくまで平均寿命という点です。偏差値などと同様に、平均はあくまで割ってだした数字で、実際のところは上にも下にも分散しています。

つまり、平均より若くして亡くなる人もいる一方で、逆に平均年齢よりも長生きする人も実際にはたくさんいるわけです。いわゆる「平均寿命」は、あと何年くらい生きると考えられるか（平均余命）についてゼロ歳の人の数字を見たものですが、**今の年齢まで生き抜いてきた私たちは、平均寿命より長生きする可能性が高い**です。

「平均余命」は「平気寿命」よりずっと長い

【女性の「平均寿命」】

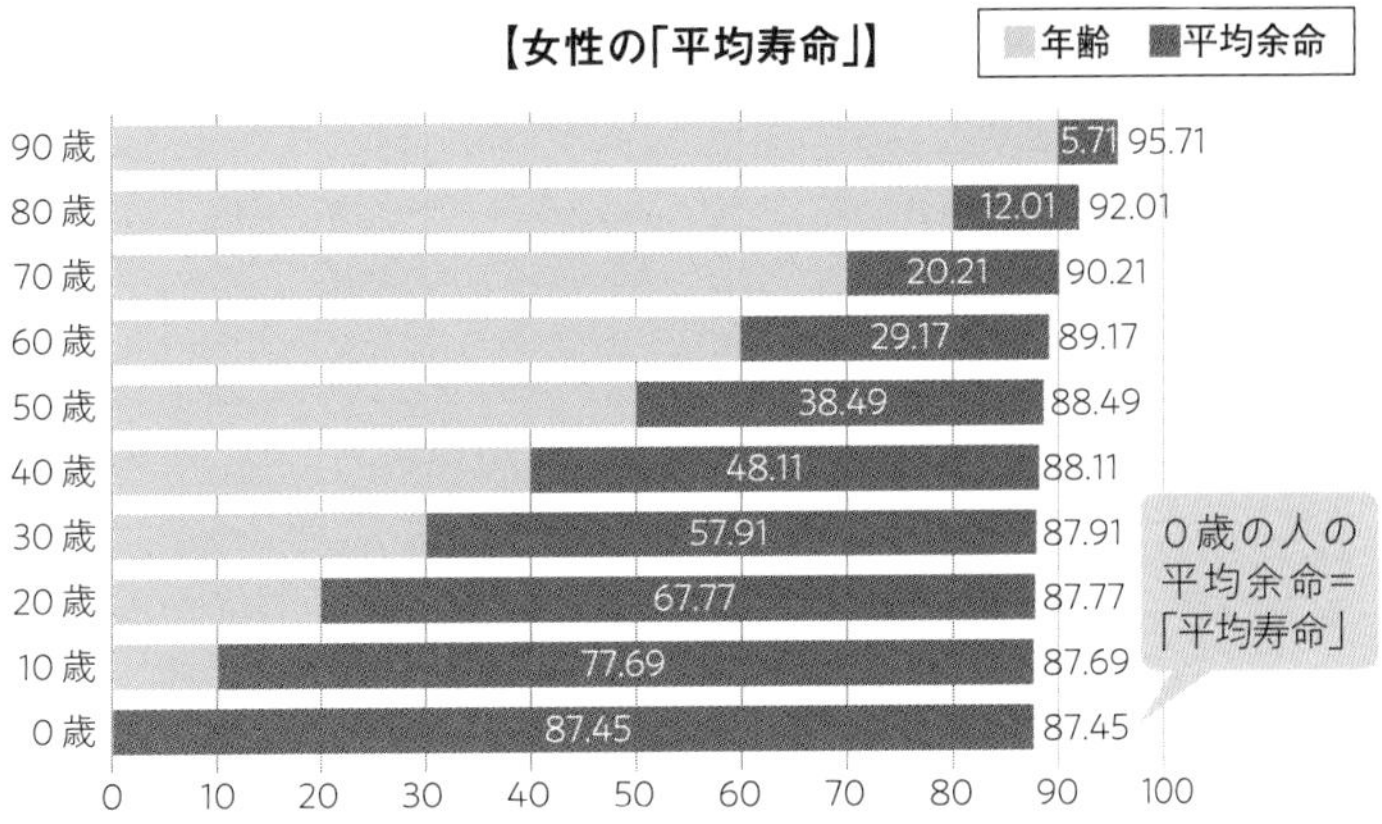

【男性の「平均寿命」】

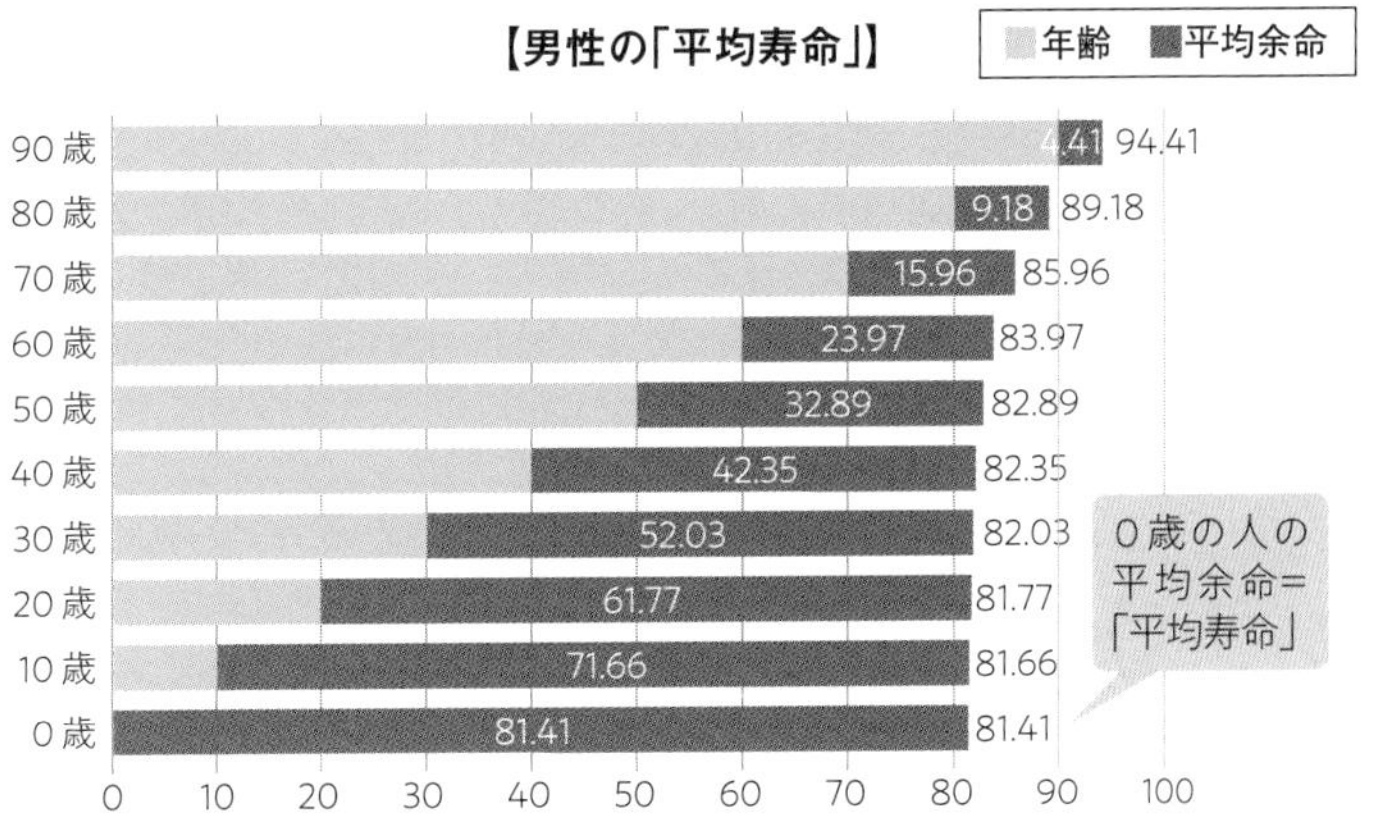

出典：厚生労働省「令和元年簡易生命表」

「平均寿命」は「０歳時における平均余命（ある年齢の人々が、その後何年生きられるかという期待値）」という意味。言い換えると「０歳児が何歳まで生きられるかを統計的に予想した数字」と言えます。

「そんなに長生きしない」「人並みだよ」という声をよく聞きますが、たとえば人並みの死亡年齢（多くの人が亡くなる年齢）は女性92歳、男性88歳で、平均寿命よりも女性は4年、男性は6年ほど先の年齢で亡くなるのが〝普通〟なのです。

ちなみに、厚生労働省の調査によると90歳以上まで生きる人の割合は、女性は2人に1人（51・1％）、男性は4人に1人（27・2％）。なんと、女性の4人に1人（26・7％）、男性の10人に1人（10・1％）は95歳まで生きる見込み！です。

実感がわかない人も多いと思われますが、〝普通〟に過ごしていれば長生きしてしまうので、**まず、退職後に待つ膨大な時間をどう過ごすかをあれこれ考えておくことがとても大切**です。今すぐには思いつかなくても、ときどき思い起こして考えてみれば、そのうちきっと何か名案が浮かぶはず。好きなことをするにはお金がいりますので、そのための軍資金づくりもそろそろ始めましょう。

平均寿命より長生きするのが〝多数派〟

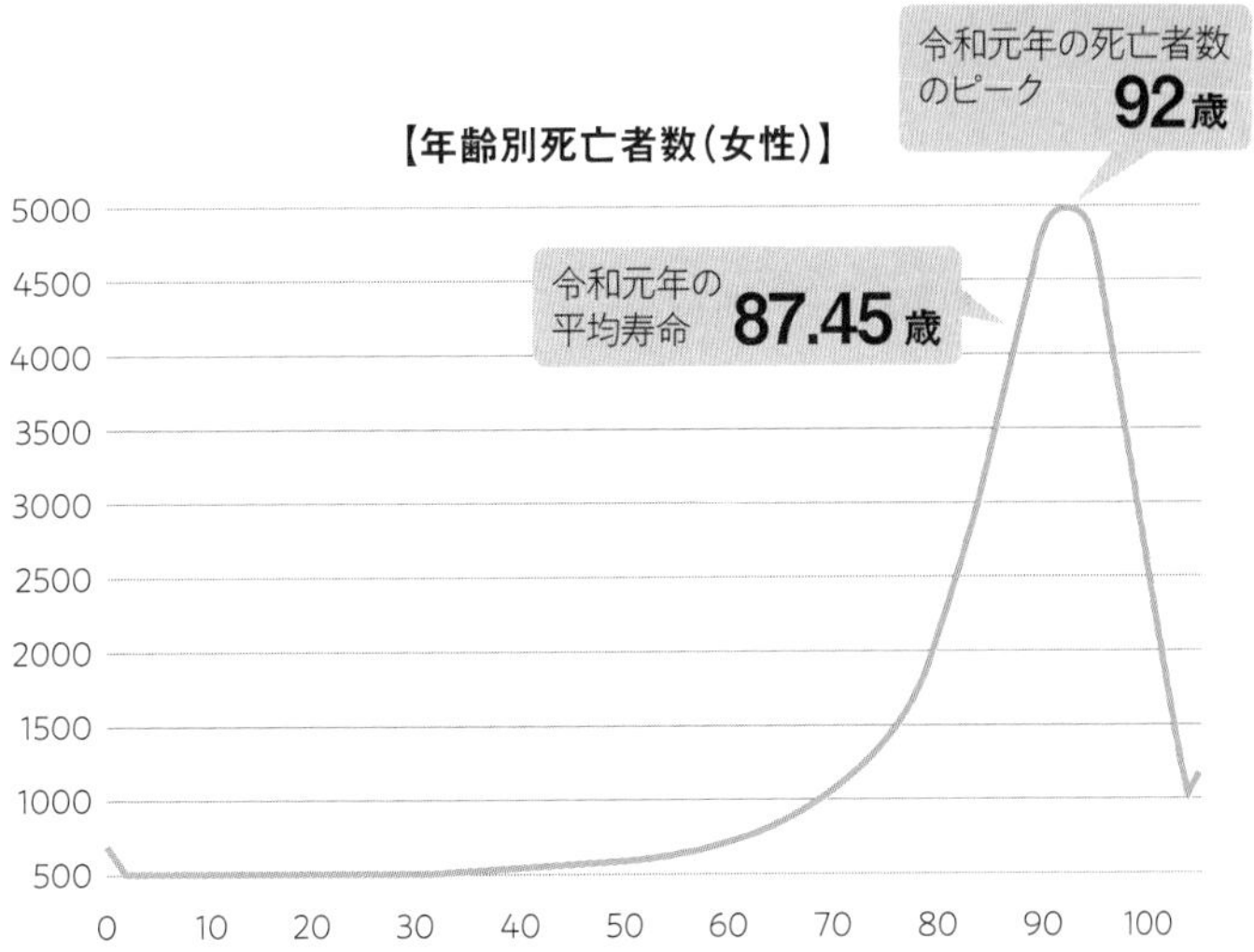

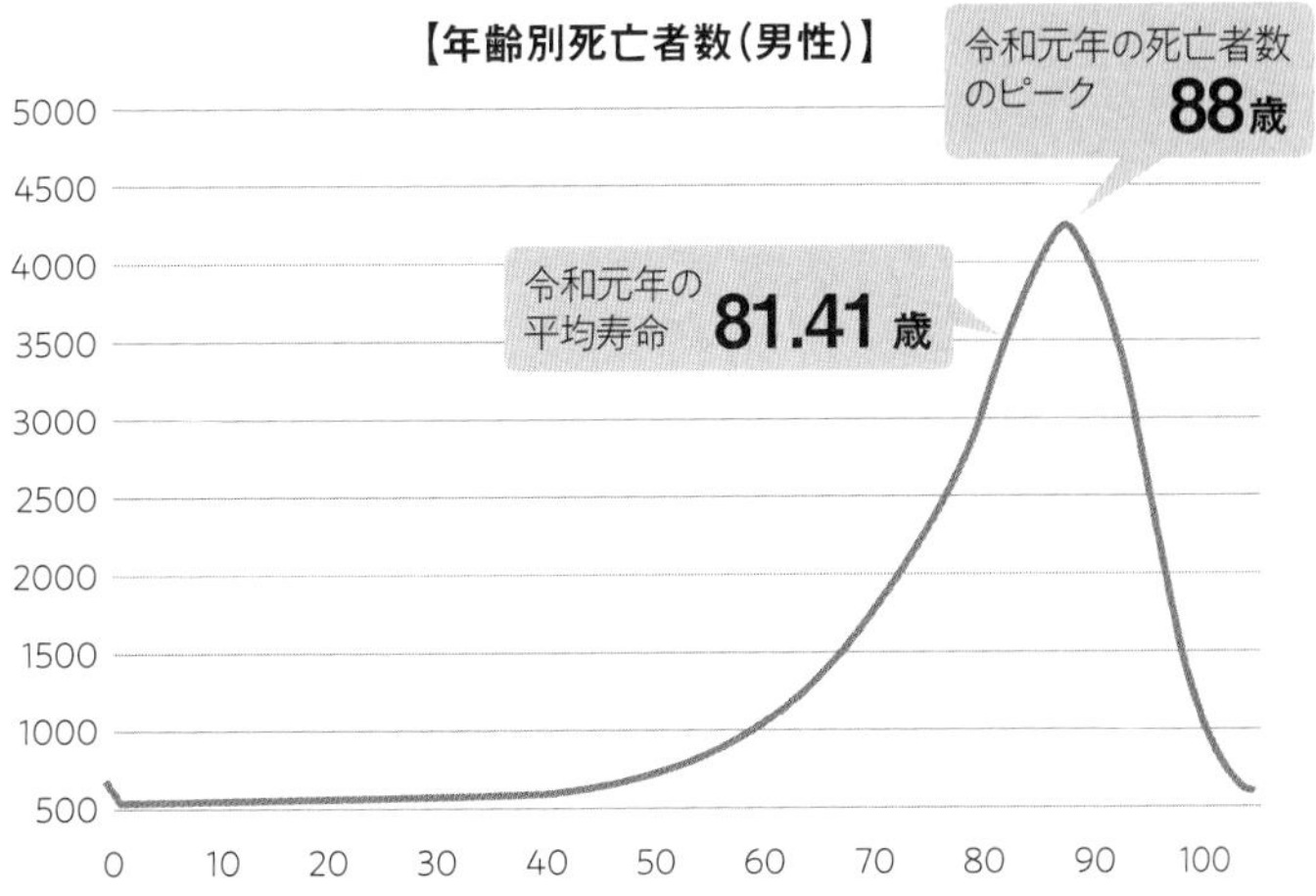

出典：厚生労働省「令和元年簡易生命表」

資産管理が夫まかせの人は要注意

「わたしのお金」をつくれば気持ちにゆとりが生まれる

これまでたくさんの夫婦に会ってきましたが、最近目立つのは夫だけが家計管理や資産管理をしているパターンです。共働き家庭の場合は〝お財布が別〟という家庭が大半のため、あまり見かけないのですが、専業主婦家庭ではわりとよくあるパターンです。夫がエクセルでグラフも作成し、まるで会社の社長のようによりよく改善するための課題をみつけたり、将来を展望したりしています。気がかりなのは夫の隣に座っている妻の様子です。すべてを夫にまかせている感じで、いっさい口を出しません。夫が運用・管理してくれれば間違いなし、というわけです。

マネープランの相談を受ける際によく感じるのですが、妻がふたりの財産と思っているお金は、夫の話しぶりでは「俺が稼いだお金」となっているケースは少なくありません。妻には少ない食費でやりくりさせる一方で、夫は気前よく散財していることもあります。お金の主導権を握られて、言いたいことも言えない状況は、どう考えてもストレスがたまりがちです。

〝コロナ離婚〟の話も聞く昨今ですが、前述のように夫に資産管理をまかせているケースで相談に来る妻は、まるで手足をもがれた小鳥のようです。

離婚に財産分与は付き物ですが、総資産がいくらあるのか、夫婦のお金がいくらあるかまったく把握していない状態なので、身動きがとれず、話がなかなか前に進みません。人気のアニメに「生殺与奪の権を他人に握らせるな」というセリフがありますが、まさにその通りです。たとえ夫婦であっても、家計管理・資産管理を一方にまかせっきりはまずいのです。

40～50代は子育てにそれほど時間はとられなくなる年代なので、専業主婦の場合は思い切ってパートで働いてみてはいかがでしょうか。**自分の自由になるお金を増やすと、想像以上に心が落ち着きます**。それも難しいなら、ｉＤｅＣｏ（イデコ・Ｐ86～）を始めてみては。専業主婦でもできる老後資金で自分名義のお金をつくりましょう。

本当に老後2000万円は必要？

「老後2000万円必要」は2年で1200万円にダウン

「老後2000万円問題」の報道をいろいろ見聞きして、「そんな急に、2000万円足りないよって言われても……」とモヤモヤした人は多いのではないでしょうか。

これは、金融庁の金融審議会「市場ワーキング・グループ」が公表した報告書にサラッと触れられた一例がひとり歩きしたもので、あくまで平均の不足額から導きだした数字です。不足額は各々の収入・支出の状況やライフスタイルなどによって大きく異なるので、あまりアテにはできません。

用いられたデータは2017年の高齢夫婦ふたりのものでしたが、直近（2019年）の調査データで同様に算出した不足額は1200万円で収まる計算です。

ちなみに、**60歳以上の単身者（シングル）の数字を拾ってみると、月々の不足額は2万7090円で、不足額総額を計算すると975万円**でした。つまり、老後までに1000万円用意できれば心配ないということになります。

「老後2000万円」の見積り方

総務省「家計調査」2017　夫65歳以上、妻60歳以上の夫婦のみの無職世帯

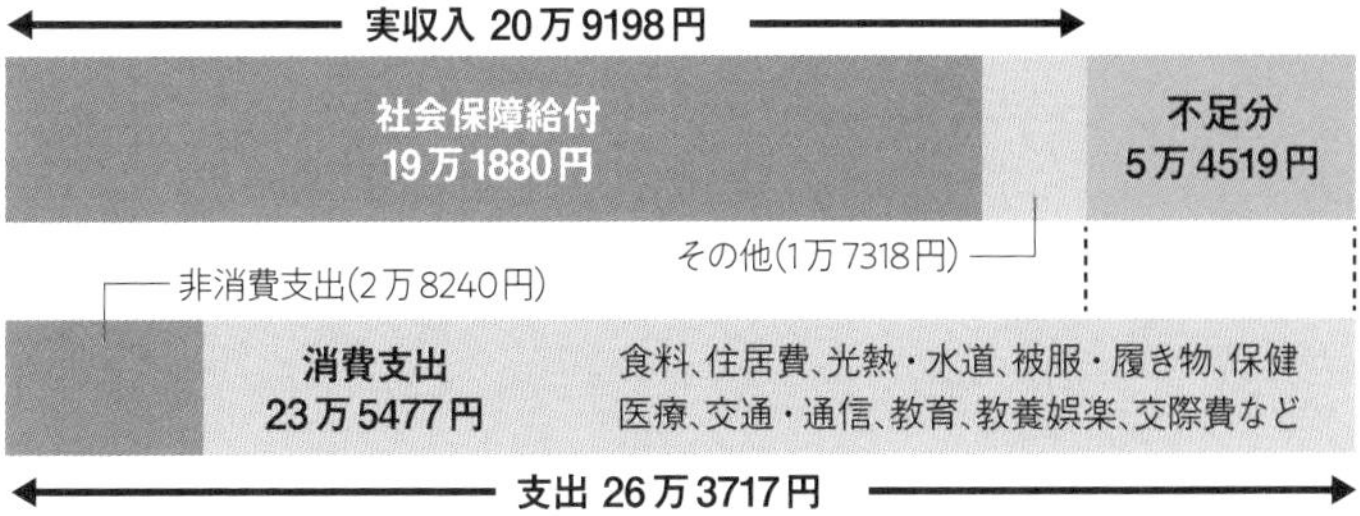

これをもとに、年金など実収入から支出を引くと、毎月5万4519円不足するので、以下のように、65歳〜 95歳までの30年間で約2000万円不足することに！
月5万4519円×12ヵ月×30年＝1963万円≒2000万円

総務省「家計調査」2019　夫65歳以上、妻60歳以上の夫婦のみの無職世帯

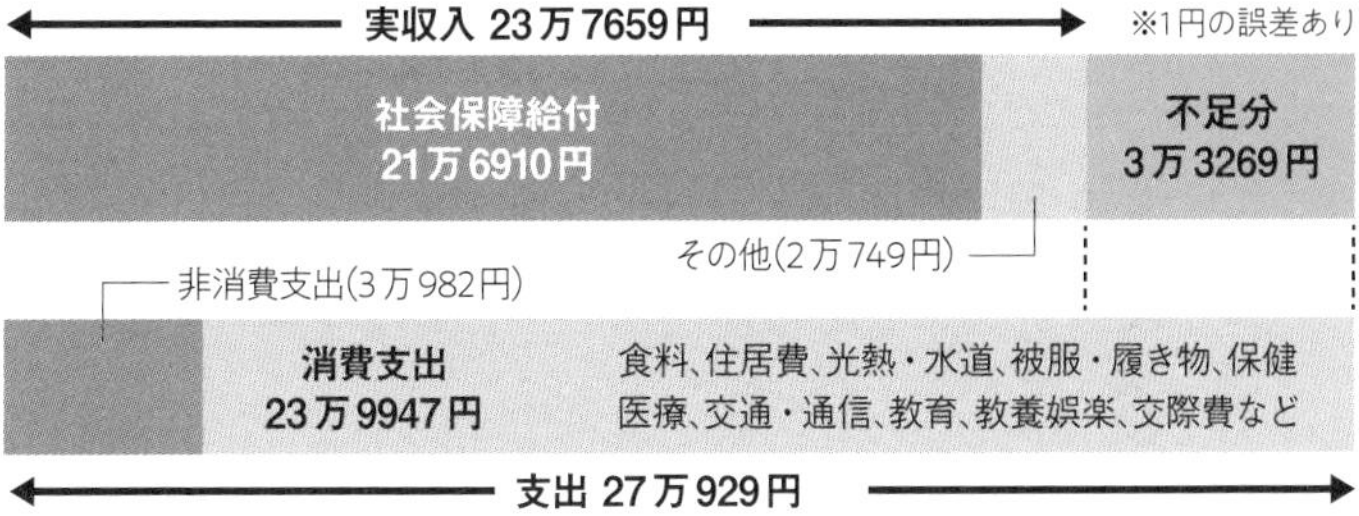

2年後の調査では、毎月3万3269円不足するので、以下のように、65〜 95歳までの30年間での不足額合計は約1200万円になったよ！
月3万3269円×12ヵ月×30年＝1198万円≒1200万円

もらえる年金を計算する

50歳以上か未満かで変わる「ねんきん定期便」の記載方法

平均データ上の不足額は2000万円ではなく1000万円前後（前ページ参照）という話を聞いて安心したでしょうか。たとえば1000万円の退職金を受けとれる人は、安泰だと思ったのでしょうか。いな、そうではないですね。

1000万円前後という話はあくまで平均値のデータ上の話なので、自分自身のこととは違うわけです。結局は自分の年金額を調べて、家計のやりくり状況を把握し、数字で差し引きしてみないと、不安は解消されないのではないでしょうか。

自身の年金額を正しく知る方法は誕生日前後に送られてくる「ねんきん定期便」を確認するのが最善です。まぎれもないもっとも正確な数字です。**50歳以上であれば、このままの収入で働き続けて得た場合を前提とした見込額が記載されているの**で確認を。退職後はここに記載されている金額（年額）で家計のやりくりをする心がまえが必要です。不足する額は、貯蓄をとり崩してやりくりすることになります。

「ねんきん定期便」(50歳以上)

令和元年度「ねんきん定期便」(50歳以上)オモテ

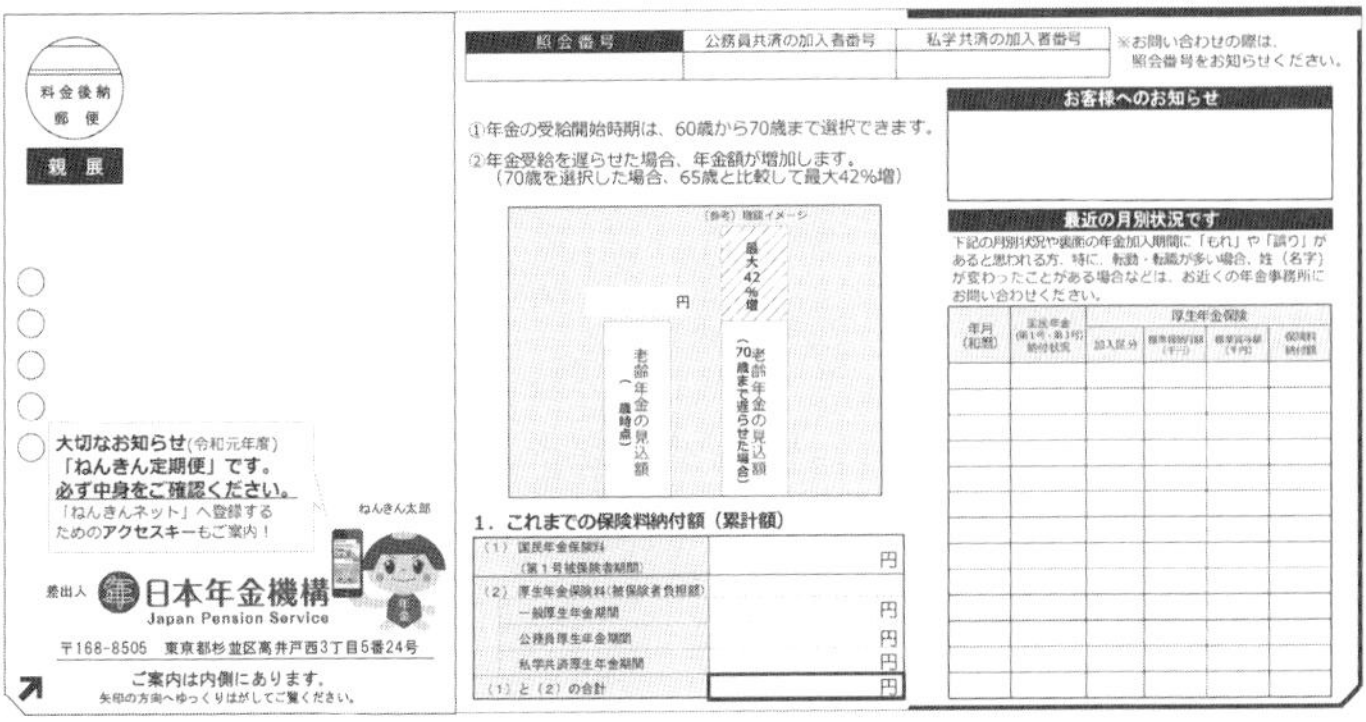
照会番号　公務員共済の加入者番号　私学共済の加入者番号　※お問い合わせの際は、照会番号をお知らせください。

料金後納郵便

親展

①年金の受給開始時期は、60歳から70歳まで選択できます。
②年金受給を遅らせた場合、年金額が増加します。
(70歳を選択した場合、65歳と比較して最大42%増)

お客様へのお知らせ

最近の月別状況です

大切なお知らせ(令和元年度)「ねんきん定期便」です。必ず中身をご確認ください。
「ねんきんネット」へ登録するためのアクセスキーもご案内!

1. これまでの保険料納付額(累計額)

(1) 国民年金保険料(第1号被保険者期間)	円
(2) 厚生年金保険料(被保険者負担額)	
一般厚生年金期間	円
公務員厚生年金期間	円
私学共済厚生年金期間	円
(1)と(2)の合計	円

差出人 日本年金機構 Japan Pension Service
〒168-8505 東京都杉並区高井戸西3丁目5番24号
ご案内は内側にあります。

令和元年度「ねんきん定期便」(50歳以上)ウラ

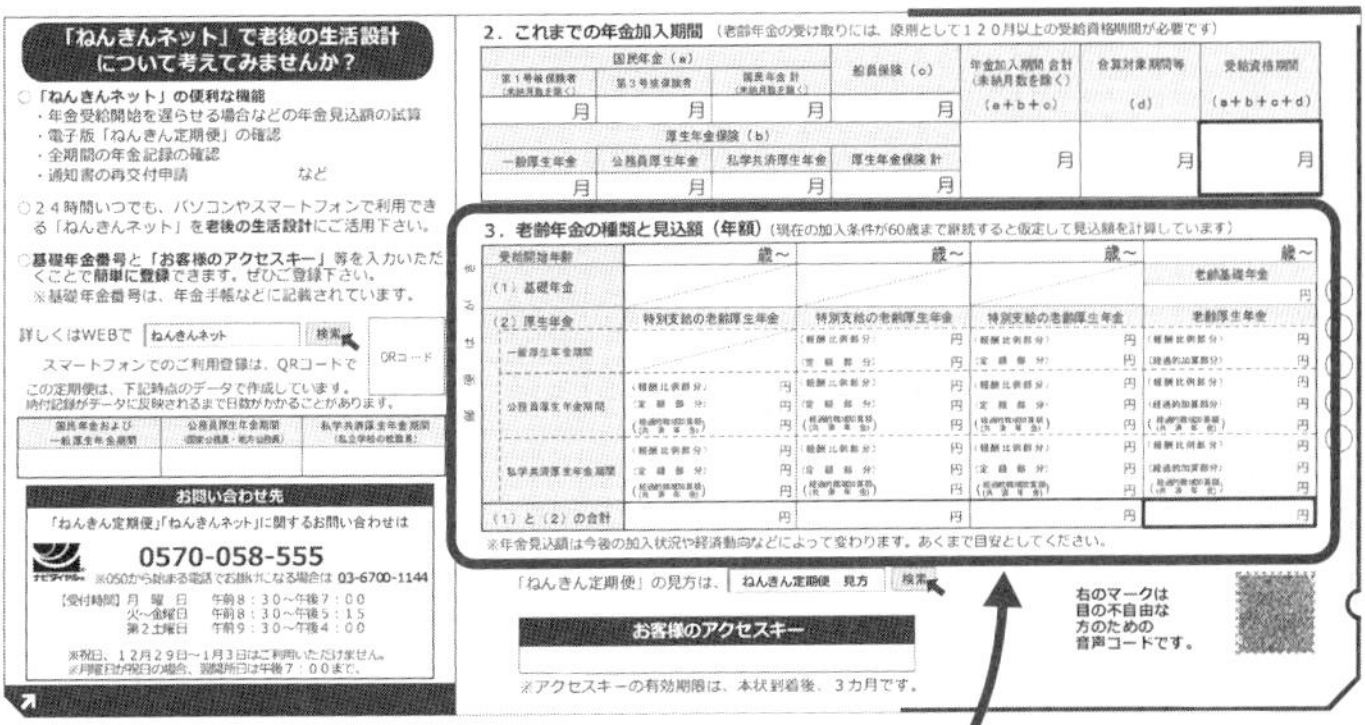
「ねんきんネット」で老後の生活設計について考えてみませんか？

2. これまでの年金加入期間

3. 老齢年金の種類と見込額(年額)

※年金見込額は今後の加入状況や経済動向などによって変わります。あくまで目安としてください。

お問い合わせ先
0570-058-555

お客様のアクセスキー

※アクセスキーの有効期限は、本状到着後、3カ月です。

60歳以降にもらえる年金見込額がここに記載されている。今のまま働き続ける前提での数字が記載されているから、50歳以上は、毎年の記載額はほとんど変わらなくなるよ。

50歳未満の人の「ねんきん定期便」は、これまで納めた保険料に基づく、現段階で確定している年金額が記載されているので、「これは月額なのでは？」と思うほど少ない年金額が記載されています（ウラ面の中央下）。

退職後の年金額を調べるには、「ねんきんネット（ウラ面の左に説明あり）でアクセスキーを使って試算するのが近道です。今後の働き方の予定などを入力することで、近似値を確認できます。なお、この「ねんきん定期便」に記載されているアクセスキーは3ヵ月間だけ有効なので、誕生日から1〜2ヵ月をメドに試算するとよいでしょう。

ねんきんネットでの試算がちょっと面倒……という人は、保険会社の試算サイトを使ってみては。老後の年金だけでなく、生命保険で入るべき金額を計算するときに知りたい公的年金からの遺族年金の額も併せて試算でき、意外に便利です。

「ねんきん定期便」(50歳未満)

令和元年度「ねんきん定期便」(50歳未満)オモテ

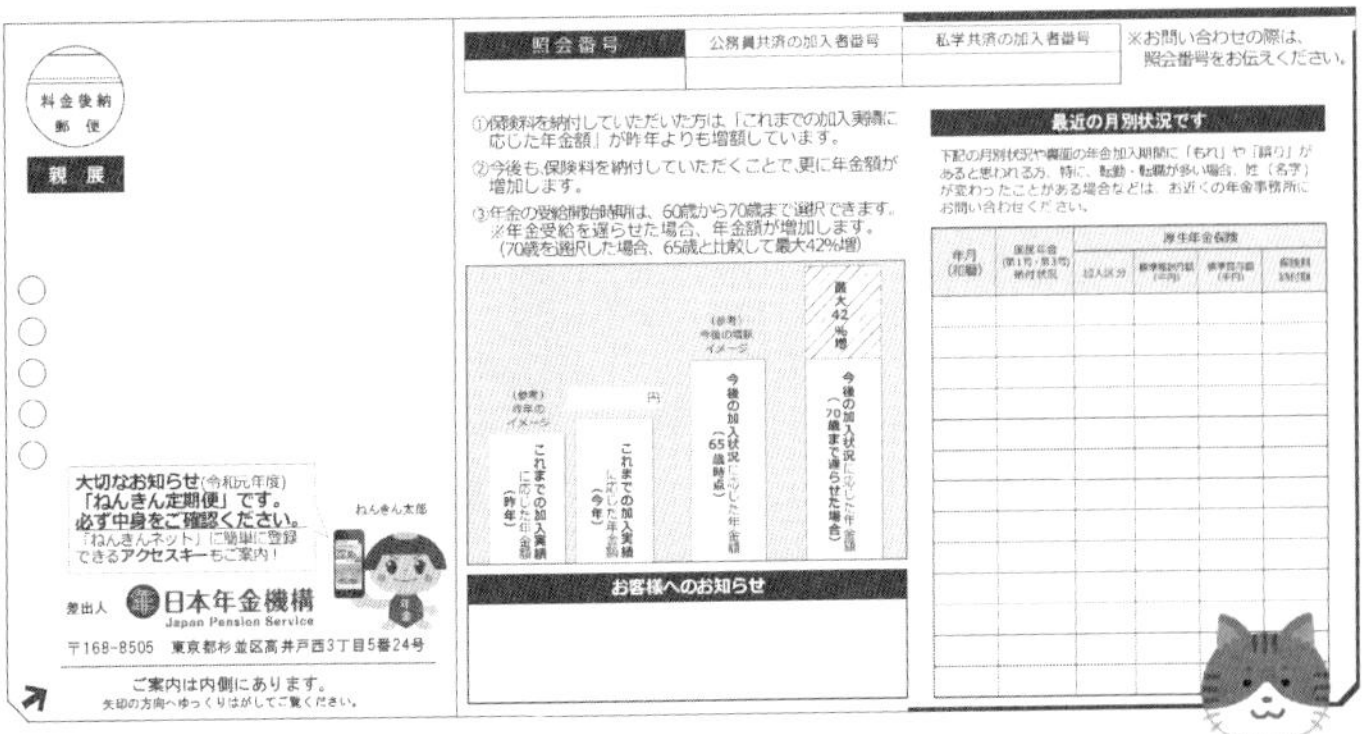
料金後納 郵便
親展
照会番号　公務員共済の加入者番号　私学共済の加入者番号
※お問い合わせの際は、照会番号をお伝えください。
①保険料を納付していただいた方は、「これまでの加入実績に応じた年金額」が昨年よりも増額しています。
②今後も、保険料を納付していただくことで、更に年金額が増加します。
③年金の受給開始時期は、60歳から70歳まで選択できます。※年金受給を遅らせた場合、年金額が増加します。(70歳を選択した場合、65歳と比較して最大42%増)
(参考)昨年のイメージ　これまでの加入実績に応じた年金額(昨年)
これまでの加入実績に応じた年金額(今年)
(参考)今後の増額イメージ　今後の加入状況に応じた年金額(65歳時点)
最大42%増　今後の加入状況に応じた年金額(70歳まで遅らせた場合)
お客様へのお知らせ
最近の月別状況です
下記の月別状況や裏面の年金加入期間に「もれ」や「誤り」があると思われる方、特に、転職・転居が多い場合、姓(名字)が変わったことがある場合などは、お近くの年金事務所にお問い合わせください。
年月(和暦)　国民年金(第1号・第3号)納付状況　厚生年金保険　加入区分　標準報酬月額(千円)　標準賞与額(千円)　保険料納付額
大切なお知らせ(令和元年度)「ねんきん定期便」です。必ず中身をご確認ください。
「ねんきんネット」に簡単に登録できるアクセスキーもご案内!
ねんきん太郎
差出人　日本年金機構 Japan Pension Service
〒168-8505　東京都杉並区高井戸西3丁目5番24号
ご案内は内側にあります。
矢印の方向へゆっくりはがしてご覧ください。

令和元年度「ねんきん定期便」(50歳未満)ウラ

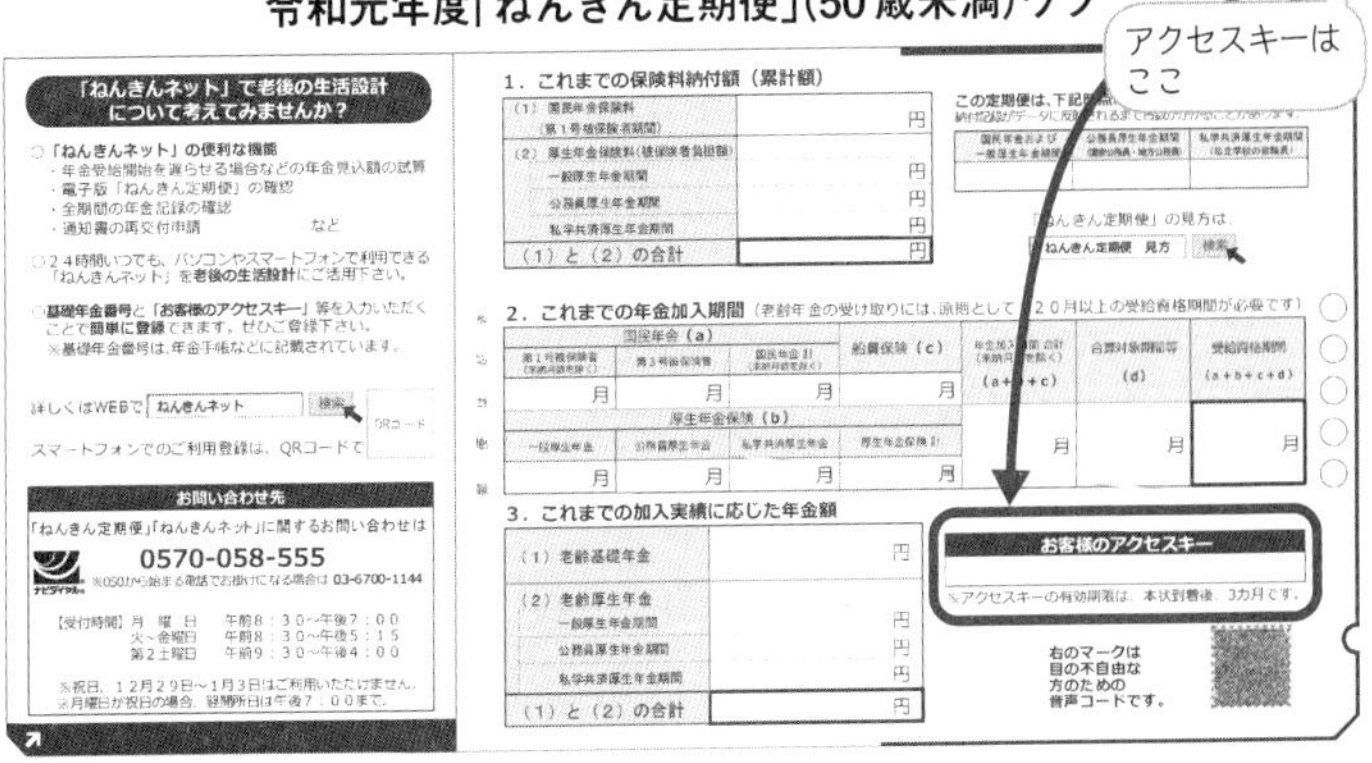
「ねんきんネット」で老後の生活設計について考えてみませんか?
○「ねんきんネット」の便利な機能
・年金受給開始を遅らせる場合などの年金見込額の試算
・電子版「ねんきん定期便」の確認
・全期間の年金記録の確認
・通知書の再交付申請　など
○24時間いつでも、パソコンやスマートフォンで利用できる「ねんきんネット」を老後の生活設計にご活用下さい。
○基礎年金番号と「お客様のアクセスキー」等を入力いただくことで簡単に登録できます。ぜひご登録下さい。
※基礎年金番号は、年金手帳などに記載されています。
詳しくはWEBで　ねんきんネット　検索
スマートフォンでのご利用登録は、QRコードで
お問い合わせ先
「ねんきん定期便」「ねんきんネット」に関するお問い合わせは
0570-058-555
※050から始まる電話でお掛けになる場合は 03-6700-1144
【受付時間】月曜日 午前8:30～午後7:00　火～金曜日 午前8:30～午後5:15　第2土曜日 午前9:30～午後4:00
※祝日、12月29日～1月3日はご利用いただけません。
※月曜日が祝日の場合、翌開所日は午後7:00まで。
1. これまでの保険料納付額(累計額)
(1) 国民年金保険料(第1号被保険者期間)　円
(2) 厚生年金保険料(被保険者負担額)　一般厚生年金期間　円　公務員厚生年金期間　円　私学共済厚生年金期間　円
(1)と(2)の合計　円
2. これまでの年金加入期間(老齢年金の受け取りには、原則として120月以上の受給資格期間が必要です)
国民年金(a)　第1号被保険者　第3号被保険者　国民年金計　船員保険(c)　年金加入期間合計(a+b+c)　合算対象期間等(d)　受給資格期間(a+b+c+d)
厚生年金保険(b)　一般厚生年金　公務員厚生年金　私学共済厚生年金　厚生年金保険計
3. これまでの加入実績に応じた年金額
(1) 老齢基礎年金　円
(2) 老齢厚生年金　一般厚生年金期間　円　公務員厚生年金期間　円　私学共済厚生年金期間　円
(1)と(2)の合計　円
この定期便は、下記…
「ねんきん定期便」の見方は　ねんきん定期便 見方　検索
お客様のアクセスキー
※アクセスキーの有効期限は、本状到着後、3カ月です。
右のマークは目の不自由な方のための音声コードです。

年金見込額の試算サイトの例

日本年金機構「年金見込額試算」
自身でさまざまな条件を設定することで、将来受け取る老齢年金の見込額を試算できる。「かんたん試算」は、現在と同じ条件で、60歳まで年金制度に加入し続けるという条件を自動設定して、素早く見込額を試算することも可能。
https://www.msa-life.co.jp/lineup/torudakenenkinshisan/

オリックス生命「ねんきん定期便を使って公的保障をチェック!」
https://www.orixlife.co.jp/guide/nenkinteikibin2018/

三井住友海上あいおい生命「撮るだけねんきん試算」
https://www.msa-life.co.jp/lineup/torudakenenkinshisan/

老後資金はいつ貯め始めるのがベストなのか

思い立ったが吉日
20代からでもOK！

よく考えてみると日本人の「老後」はとても長いですね。60歳や65歳で退職したら、その先はずっと老後。そして、老後の生活費の源泉である年金は、十分納得がいくような額は受けとれないという現実について、よく報道されています。

たとえば、65歳から95歳までの老後において毎月3万円足りないのだとしたら、35歳から65歳までに、老後資金として毎月3万円を積み立てられたら、帳尻が合いますね。

けれども、始めたタイミングが50歳で、65歳までに同じように備えたいと思ったら、毎月6万円貯めてトントンです。つまり、早く始めるほどムリなく、貯めることができます。ひと昔前であれば「教育資金」が終わってから「老後資金」を貯め始めれば間に合いましたが、今は3つの資金の同時並行があたりまえに。**老後資金は早く始めたほうが、時間を味方につけられるのであとがラク**です。

人生3大資金の捻出イメージ

【ひと昔前の常識】

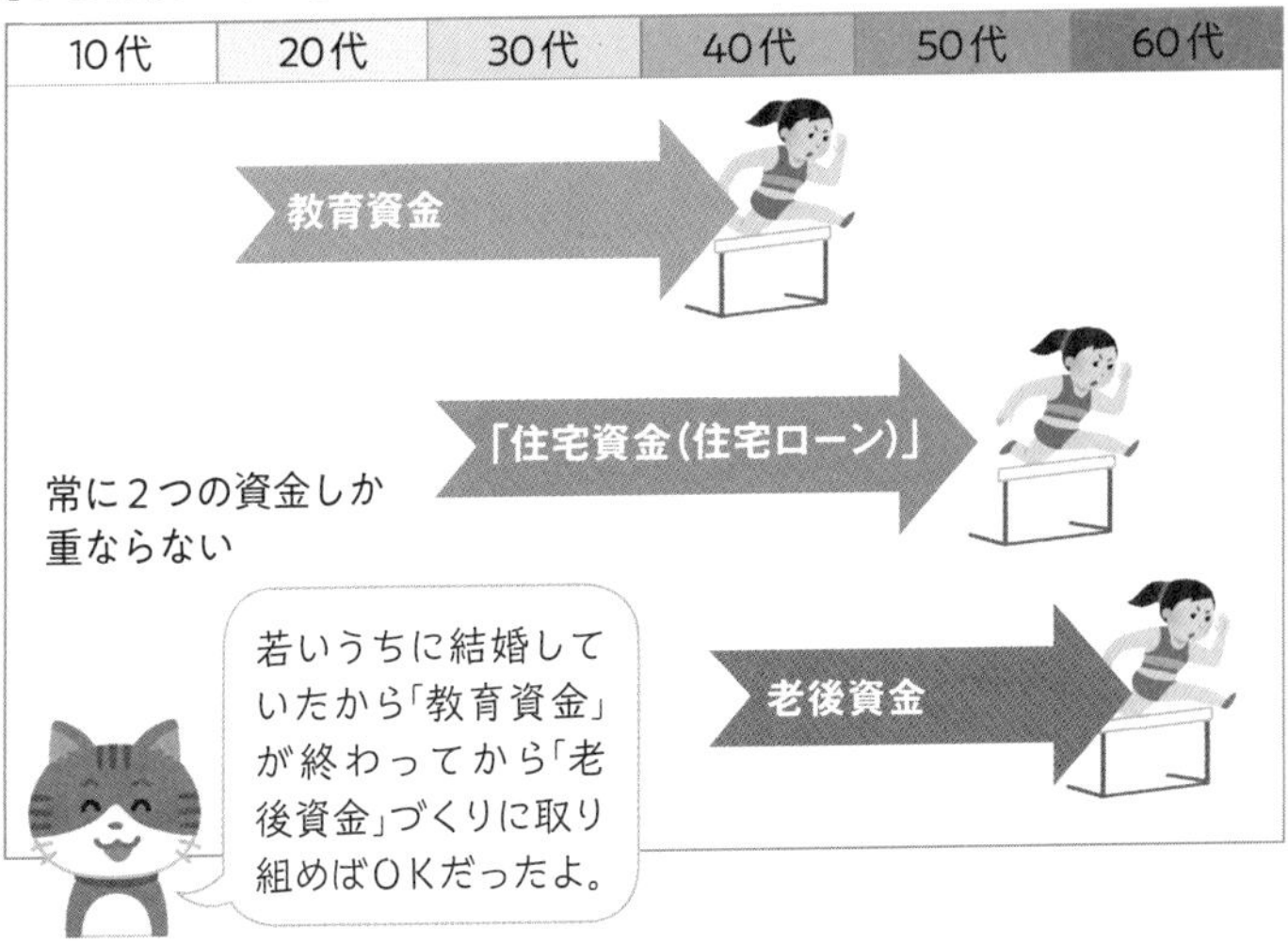

【今の常識】

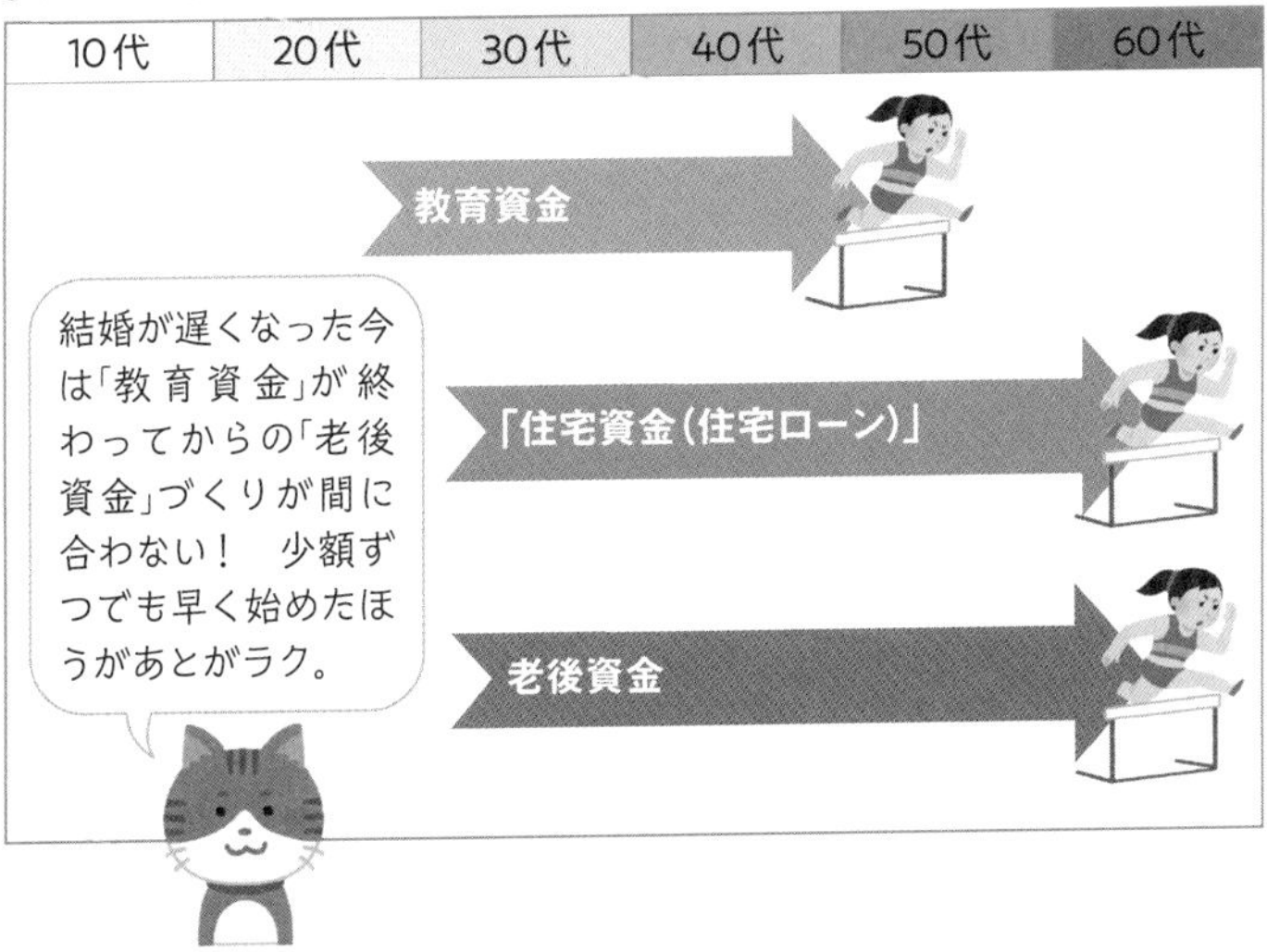

老後資金づくりは月1万円の節約から

月1万円の節約で、必要となる「老後資金」を圧縮する

老後資金について「いくら必要か」の答えを見ると「1億円」「3000万円」「2000万円」など、記事や論者によってまちまちです。結局は総論なので、ご自身のご家庭でいくら備えるべきかは、「ねんきん定期便」と家計支出から算出する方法で見積るしかありません。

しかし、知っておいてほしいことは、足りない額を運用で埋めようとしたり、よくわからないことに挑戦して難しい努力をする前に、家計を見直すほうが断然効果が高いという事実です。まずは、毎月の貯蓄を1万円増やしてみては。やりかたは財形貯蓄（P90）でも自動積立定期預金（P88）でもなんでもかまいません。貯蓄に回す額を1万円増やすということは、家計支出として消費する金額を1万円減らしてやりくりするということ。**たとえば、35歳から始めたら、それだけで老後資金づくり720万円分の価値があります。**

あなどれない〝毎月1万円〟の節約効果

【35歳から取り組んだ場合】

35歳〜65歳	65歳〜95歳
生活費が月々1万円ダウンすると総額で360万円の貯蓄が準備できる計算に。 1万円 × 12ヵ月 × 30年間 ＝ 360万円	生活費が月々1万円ダウンすると総額で360万円を準備する必要がなくなる計算に。 1万円 × 12ヵ月 × 30年間 ＝ 360万円

35歳　65歳　95歳

月1万円だけ家計を引き締めることを35歳から始めたら、老後資金720万円分の不足額をカバーできることになるよ！
［老後までに用意する貯蓄が360万円アップ］
＋［老後に必要と見積られる金額が360万円ダウン］
→　老後の必要資金を720万円ダウンできる効果！

【45歳から取り組んだ場合】

45歳〜65歳	65歳〜95歳
生活費 月々1万円のダウンで 240万円の貯蓄を 築ける！	生活費が月々1万円ダウンすると総額で360万円を準備する必要がなくなる計算に。 1万円 × 12ヵ月 × 30年間 ＝ 360万円

45歳　65歳　95歳

【55歳から取り組んだ場合】

レッツ節約！

50代なかばから始めても、合計で480万円ほどの効果があるよ！

55歳〜65歳	65歳〜95歳
生活費 月々1万円 のダウンで 120万円の 貯蓄！	生活費が月々1万円ダウンすると総額で360万円を準備する必要がなくなる計算に。 1万円 × 12ヵ月 × 30年間 ＝ 360万円

55歳　65歳　95歳

家計の見直しは「固定費」から見直そう

消費税率の引き上げで家計支出が厳しくなっているところに、新型コロナウイルスの流行などもあり、家計が苦しいという人が増えています。

そこで**〝家計の見直し〟をしようと思ったとき、じつは、節約に走るのは逆効果。**食費や余暇を楽しむ費用を削ると、暮らしとこころからゆとりが奪われて、精神的に追いつめられて反動が出ることはコロナ禍で経験した通り。逆に、ＧｏＴｏで楽しむためのお金を貯めると思えば、家計引き締めもモチベーションが上がりますね。

おすすめなのは、家計支出のうち、固定費に着目して削る方法です。たとえば、保険料は1回見直すだけで、以後ずっと節約効果が続きます。40～50代はあれもこれもと不安になりがちですが、すべて〝万一〟に備えるためのものなので、それほど〝万一〟ではないことは割り切って貯蓄でまかない、貯蓄で備えるのは無理と思われるものを優先して保険を使うのがおすすめです。

家計の見直しは「固定費」から手をつけよう

手をつけやすいがストレスが貯まるもの(例)

こづかい

余暇費

食費

節電

削るのが難しいもの(例)

子どもの教育費

自分の趣味にかけるお金

手をつけやすくて見直し効果が高いもの(例)

通信費

火災保険料

生命保険料など

住居費

自動車の保険料

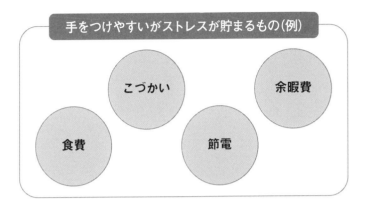

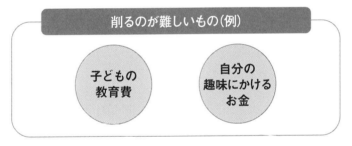

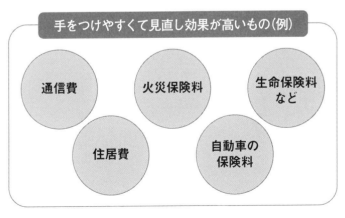

住居費も、住宅ローンを組んでいるなら、借り換えすると数十万〜数百万円の節約ができる場合が多いです。賃貸の人も、古い家ほど家賃は安くなるものなので、10年前に借りた家が7万円だったとしたら、今は同じマンションを6万円で貸し出しているかも。大家側は言われない限り、値下げしないので、次の更新時に業者に「下がりませんか？」と聞けば、更新後の家賃は3000〜5000円くらいは軽く下がります。

携帯電話も、毎月1万円ほどかかっている人は、携帯ショップに1回出向いて格安スマホに切り替えると、携帯電話機も電話番号もそのまま、月々の費用は3000円ほどにできます。毎月7000円ダウンで年間8万4000円ダウンとなれば、毎年ちょっとした旅行にも行けそうですね。家族分も見直せば家計はグンとラクになります。今節約したお金を使うのは、将来の自分です。**今の月々1万円の節約で、10年後の自分が120万円を自由に使える**と思うと、ワクワクしませんか。

「住居費」を削るのは意外に簡単！

【住宅ローンの「借り換え」は「繰り上げ返済」より効果が高い】

		毎月返済額	利息総額	完済時期
【今の住宅ローン】 3000万円、返済期間30年、 金利3%,35歳		12.6万円	1553万円	65歳

10年経過時点で住宅ローンの「見直し」をすると……

		毎月返済額	利息総額	完済時期
借り換え （金利1.5%のローンへ）	借り換え諸費用 （30万～80万円程度）	11.1万円 （▲1.5万円）	1195万円 （▲358万円）	65歳 （同じ）
繰り上げ返済 [期間短縮型]	事務手数料： 無料～数万円 内入れ金：100万円	12.6万円 （同じ）	1474万円 （▲79万円）	63歳10ヵ月 （▲1年2ヵ月）
繰り上げ返済 [返済額軽減型]	事務手数料： 無料～数万円 内入れ金：100万円	12.1万円 （▲0.5万円）	1520万円 （▲33万円）	65歳 （同じ）

【賃貸暮らしの人は、更新後の家賃を確認してみよう】

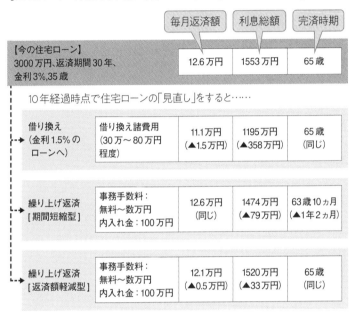

この前、同じマンションが、私の部屋より安く借り出されてる広告を見たんですけど…もう10年も住んでるし、少しお家賃、下がりませんか？
わかりました！大家さんに聞いてみますね！
仲介業者

毎月かかる固定費をジワジワ節約

家計の見直しは「固定費」から見直すのが基本

家計の見直しは、明日から始めよう、来月から始めよう、来年から始めようと思っても、なかなかとりかかれないものです。そんなときは、**電話一本するだけで、固定費を割安にできる方法から試してみては**。それは固定費を〝まとめ払い〟することです。月払いしていたものを年払いに、年払いのものを2年分・3年分……というようにまとめて払えば、割安にできるものは世の中にいろいろあります。

なぜ割安にできるかというと、理由はいろいろあります。ひとつは、お金を口座引き落としにする際に金融機関は1回あたり数百円の手数料をとるからです。まとめ払いにすることで引き落とし回数が減れば、その分を割り引けるわけです。私たちお金を払う側からすれば、まとめ払いの軍資金さえちゃんと用意できれば、割り引かれる分だけ確実におトクに。最初の軍資金がないなら、次のボーナスで始めてみては。最初に予算をとれば、以後の月々の家計のやりくりもしやすくなります。

「固定費」はまとめ払いでおトクに！

◇ＮＨＫ受信料

月額	２ヵ月払額	６ヵ月前払額	12ヵ月前払額
2230円	4460円	1万2730円	2万4770円

650円お得

1990円お得

※衛星契約（地上契約含む）
・口座振替
・クレジットカード継続払いの場合
（2020年４月現在）

◇国民年金保険料

月額	現金で１年度分を前納	現金で２年度分を前納
1万6540円	19万4960円	38万3210円

3520円お得

1万4590円お得

※令和２年度分の保険料月額：1万6540円、令和３年度分の保険料月額：1万6610円

出典：日本年金機構ホームページ

◇生命保険料・損害保険料

たとえば……

▶生命保険料
……月払いを年払いにすると約２～3%割安に

▶火災保険
……1年契約を10年契約にすると約18%割安に

▶地震保険料
……1年契約を５年契約にすると約8%割安になる

▶自動車保険料
……月払いを一括払い（1年分）にすると約5%の割安に

理想の貯蓄率は最低5％

親元で暮らすシングルは手取りの3割を目標に

各ご家庭の財布事情はまちまちですが、それでも手取りの5％は貯蓄にまわしておきたいところです。日々カツカツな状況でも、蓄えがなければ何かあったときに困るだけ。先取り貯蓄（P89）などで貯める習慣づくりが大事です。

シングルで親元にいる人や、子育てが終わった人の場合は、2〜3割は貯蓄にまわせるはずです。貯蓄できていない人は、固定費の見直しから始めてみてはいかがでしょうか（P32）。**特に子育てを終えたご家庭は、気持ちも大きくなりがちで、これまで我慢していたことをしなくて済む分、支出が膨らむ傾向大**。いったん広がった支出を引き締めるのはなかなか難しいので、意識して貯蓄することが重要です。

左図の平均的な家計支出例より大幅に突出した金額の支出があるときは、その金額を削ろうとするのではなく、その金額を削らないためにほかの何を削れるかの視点で家計支出を見直してみるのがおすすめです。趣味やこだわりは生きる糧なので大事です。

貯蓄率の目安の例

【子育て中はほとんど貯蓄はできない】

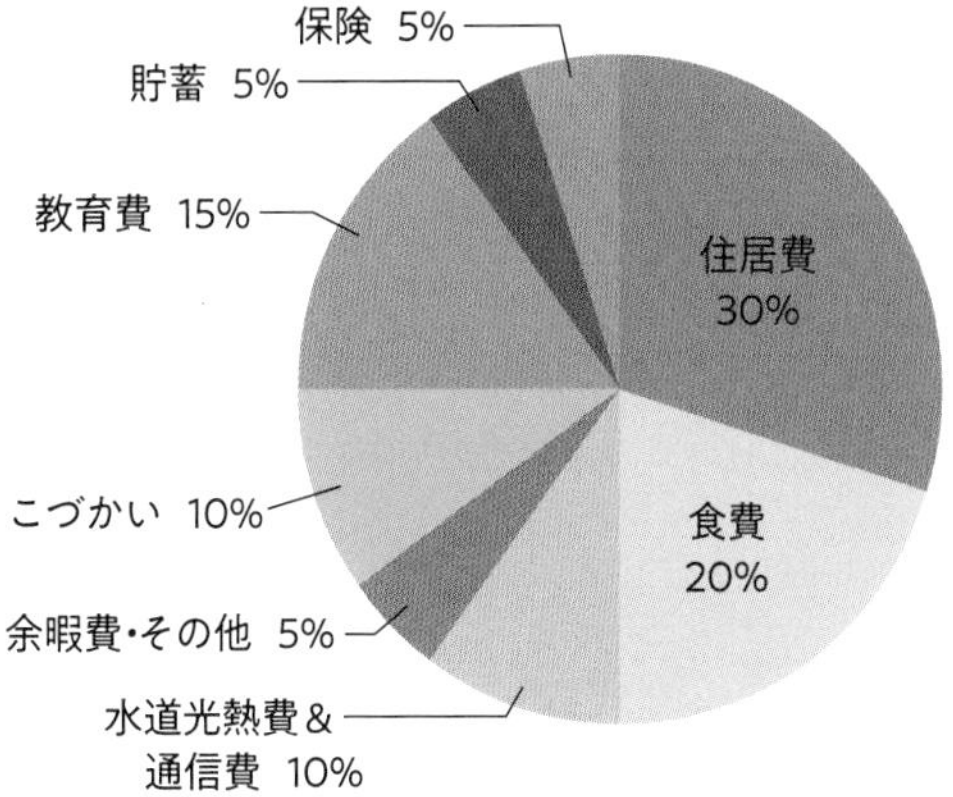

【シングル＆子ども独立後の家庭は貯蓄をがんばってみよう】

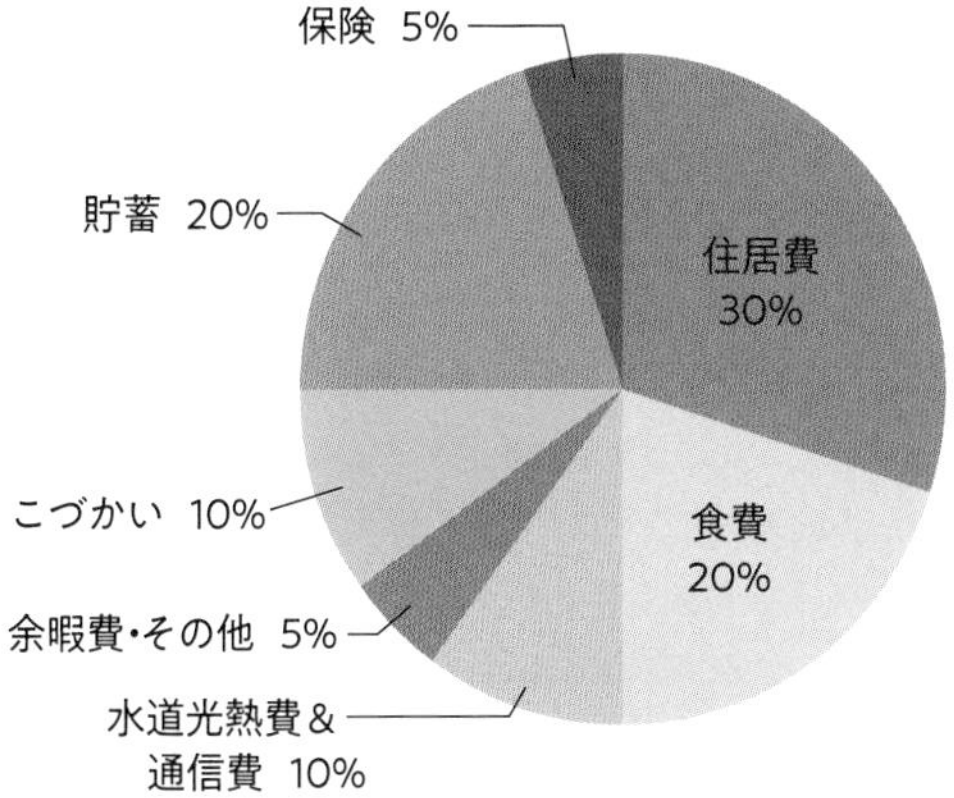

子育て終了後に、つい家計が緩んでしまう家庭が多いので、もったいない！
意識して、しっかり引き締めて、貯蓄ペースを上げよう。

コラム1

離婚しても自活していける？

今、「コロナ離婚」の相談がジワリ増えています。「年金分割」をすると、婚姻期間中の厚生年金を分割してそれぞれ自分の年金にできるとあって、以前よりも離婚相談は増えています。けれども、実際に試算してみると、離婚を躊躇《ちゅうちょ》する人が大半です。

というのは、離婚した際に、思った以上に自分のものになるお金が少ないためです。離婚理由によってたっぷり「慰謝料」を受け取れる場合は別として、一般的なケースで離婚を留まるケースを3つ挙げると、まずは夫が自営業などで国民年金だけだった場合です。年金分割の対象になるのは厚生年金保険（会社員）や共済年金（公務員）部分だけなので、夫がずっと国民年金という場合はそもそも制度を利用できません。

2点目として、共働きで生活力のある妻の場合。年金分割は夫から妻へと決まっているわけでなく、妻のほうの年金が多いなら逆に自分の年金が夫に分割されることもあります。

そして3点目は、専業主婦の場合。たっぷり2分割されると思っていても、ご自身の国民年金からの老後の年金月額約６万円に加えて４万～５万円程度の分割となるケースが一般的です。というのは、会社の厚生年金基金や個人で入っていた個人年金保険などは年金分割の対象外のため、想定以上に少額に。離婚後に自分で自活できるほどの収入を得る目途がなければ、勇気が出ないのもうなずけます。

そのため、離婚に踏み切れるかどうかは、多くの場合「財産分与」でいくら受け取れるかによります。夫婦で築いてきた資産（預貯金など）も負債（住宅ローン）も等分に分割。退職時は就労年数のうち、婚姻期間分に相当する部分の退職金だけを分割することに。退職金の半額を受けとれるわけではありません。

真剣に離婚を検討しているなら、まずは「年金分割のための情報通知書」の交付申請をしてみては。離婚前なら夫に知られずに通知を受け取れるので、調べてからの判断がおすすめです。

第2章
「住まい」を整える

これから先の「住まい」を整えよう

家は暮らしの大切な〝器〟
どこで暮らすかの見通しが大事

住まいをどうするかは、これからの人生を考えるうえで、とても重要な問題です。「今は賃貸暮らしだけど、将来のことを考えると買ったほうがよいのでは」「老後は老人ホームを考えている」「離婚してとりあえず、子ども連れで親元に戻ったけれど、できれば親元を出て独立したい」など、いろいろな悩みがありますね。

多いのは「①親と同居」「②賃貸暮らし」「③住宅購入」「④老人ホームなどの高齢者向け住宅」という選択です。ただし、それぞれに留意点があります。

たとえば、「①親と同居」を続ける場合は、介護を担うことは覚悟しておいたほうがよさそうです。親が、介護施設に入るための資金に充てるために家を処分したり、リバースモーゲージを利用する際には、親の家に住み続けられなくなります。

また、親が亡くなると、兄弟姉妹がいる場合は、均等な遺産分割のために家を処分することになり、住むところをなくしてしまう人も少なくありません。ひとりっ子などで幸運にも家を親から譲り受けたとしても、すでにかなりの築年数が経っていて、自身の寿命まではもたないかもしれません。自費で建て替えしたり、かなりのリフォーム費の捻出が必要になることはめずらしくないのです。

それでは「②賃貸暮らし」はどうかというと、その気になればいつでも簡単にできそうに思われますが、大都市圏では高齢になってからでは家を借してくれる大家が激減する現状があります。現役時代のうちに見通しを立てておくことが大事です。

さて「③住宅購入」は、現金で一括で買えるほどの貯蓄がある人は少ないため、多くの人は住宅ローンを組んで家を買います。けれども、住宅ローンを組めるのにはタイムリミットがあります。年金生活に入ってからでは多額の借金は不可能なので、就労収入があるうちの早めの決断が功を奏します。

なお「④老人ホーム等の高齢者住宅」に入りたい場合は、高齢者住宅の種類がありすぎて、暮らし方も必要な資金もまちまちな状況のため、十分な吟味が必要です。

いずれにしても**大事なのは、終《つい》の棲家《すみか》の見通しを早めに立てること**です。本章では、今後の住まいについてポイントを見ていきましょう。

同居の家族にイラっときたら
「プチ家出」で距離をとろう

近すぎる距離は、家族の場合でも息がつまるものです。最近多いのは、テレワークでこれまで見えていなかったパートナーの欠点が気になり、耐えられなくなって離婚を考えるパターンです。そんなときは、ひとまずプチ家出をしてみては。旅に出て距離をとることで冷静になることもあるでしょうし、**「ひとり旅」の経験の一つひとつが、じつは「ひとり暮らし」を始める際の精神的な下準備になります。**

ひとり旅を躊躇《ちゅうちょ》する理由として「ひとりではつまらないから」という理由を思いつく人は要注意。もしかして旅行の予約もホテルのチェックインも、これまでだれかにやってもらってきていませんか。じつは「ひとりでは不安」が理由かも。となると、離婚しても親元に戻りがちで、また親との距離に悩む可能性が高いです。ひとり旅は経験してみると、案外〝へっちゃら〟でまた行きたくなるものです。ひとりでできる経験を積み、精神的自立ができたその先に「ひとり暮らし」はあります。

「ひとり暮らし」の練習に「ひとり旅」がおすすめ

【ひとり旅をしない理由、できない理由は何ですか？】

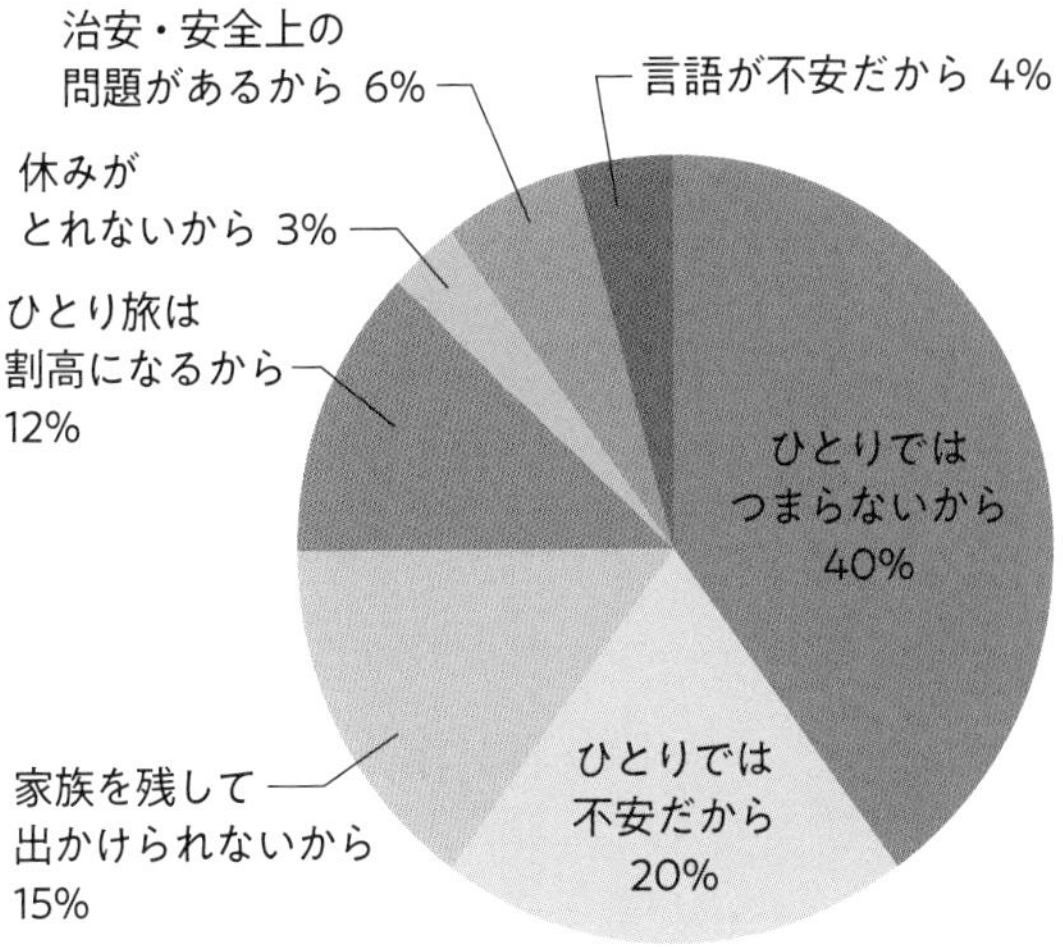

【ひとり旅(仕事を除く)をしてみたいと思いますか？】

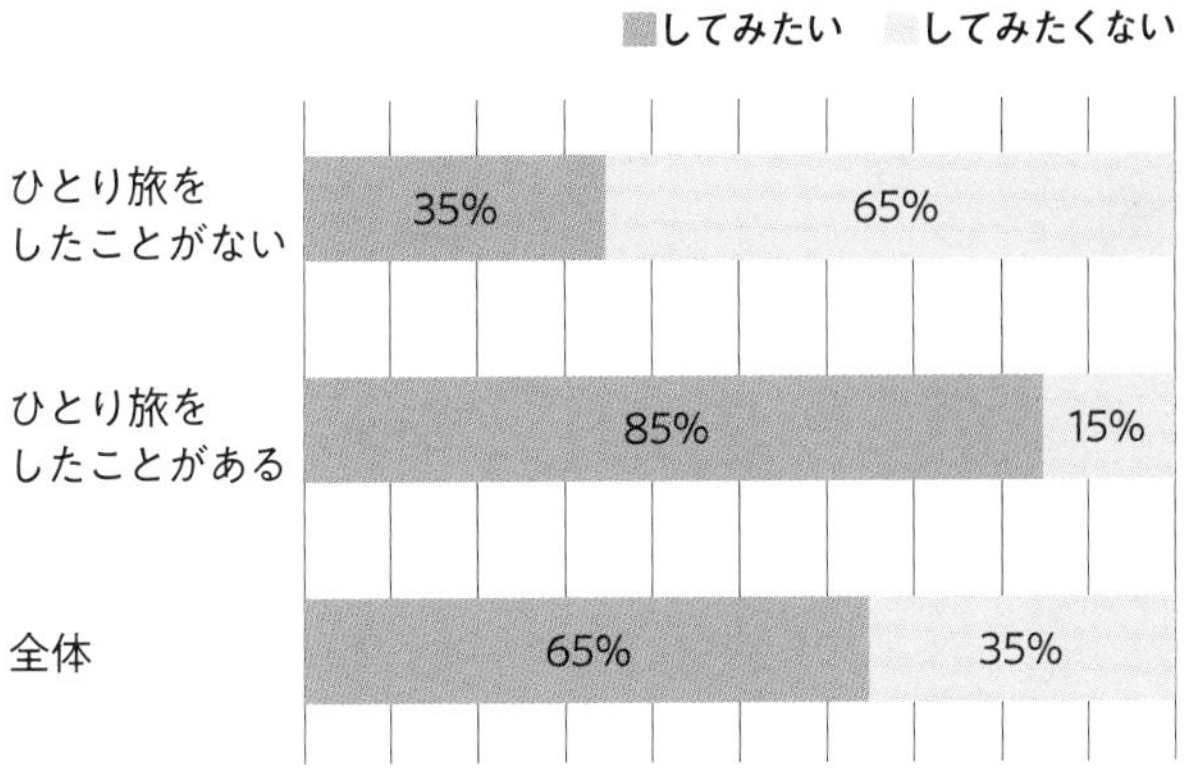

出典：JTB 広報室「ひとり旅に関するアンケート調査」

ひとり暮らしを始める人の予算計画

「賃貸暮らし」を始めるには家賃の5ヵ月分は貯めよう

前述の「ひとり旅」も月に2〜3回となってくると、アパートやマンションの家賃くらいになっているかもしれません。同居人からの自由な時間を得られる快感がやみつきになってきたら、「ひとり暮らし」の始めどきです。親や同居人と距離をとる方法は、「賃貸」を借りるか、家を「購入」するか、パートナーをみつける、のおよそ三択です。

オーソドックスな「賃貸」や「購入」をするには、月々の支払い（家賃や住宅ローン返済）のほかに、当初にまとまった資金が必要です。

たとえば、月々8万円の賃貸物件を借りたい、と思ったら、一般的な物件の場合は40万円程度の資金準備が必要になります。新築マンションを購入するのであれば、諸費用のほか、頭金や、貯蓄の取り置きで数百万円の貯蓄を用意しておきたいところ。つまり、**ひとり暮らしを始めるには、何はさておき貯蓄が必要**です。

「ひとり暮らし」には初期費用が必要

【賃貸暮らしを始める場合】

	目安	月々8万円の例
初期費用	・敷金・礼金…家賃の3月分 ・前払い家賃…1月分 ・引っ越し代…家賃1月分	・家賃の5ヵ月分：40万円
月々	家賃	・家賃：8万円
その他	・更新料 （2年に一度、家賃の1月分） ・火災保険料 （2年に一度、約2万円）	2年に一度、約10万円 ・更新料：8万円 ・火災保険料：約2万円

住宅購入するときは、返済不能になると生活破綻も視野に入るため、「諸費用」「頭金」とは別に、生活費の半年分程度の貯金は手元に残しておくと安心！

【新築マンションを購入する場合】

	目安	月々8万円の例
初期費用	住宅購入の諸費用* ・物件価格の3～8%が目安 頭金 ・物件価格の1割が目安	・諸費用：125万円（5%の例） ・頭　金：250万円
月々	マンション購入の場合、「住宅ローン返済」と「管理費・修繕積立金」の合計で、これまでの家賃と同額が目安	・住宅ローン返済 6.4万円 ・管理費・修繕積立金 1.6万円
その他	・固定資産税・都市計画税 ・火災保険料・地震保険料 ・駐車場代など	・固定資産税・都市計画税 毎年10万円程度 ・火災保険料・地震保険料 毎年2万円程度

＊物件価格2500万円、住宅ローン借入額2250万円、金利1%、毎月返済、元利均等返済の場合の例

「住まい探し」を始めよう

「サイト」で目を肥やしてから「人」に相談すれば効率的

部屋を借りるにしても、マンションや戸建てを買うにしても、どんな物件があるのかの情報収集は大事です。駅前には不動産屋が店舗をかまえているものですが、いきなり訪れるよりも、まずは物件情報サイトをいくつか見てみるのがおすすめです。**物件情報サイトでは希望の地域や間取りの情報を効率よく検索できるので、不動産物件の〝相場観〟が身につく**からです。不動産業者は一日に何人も契約する百戦錬磨の玄人《くろうと》ですが、こちらは初体験に近い素人《しろうと》です。相場観がないと、提案された物件の中から、いくつか見学して即断せざるをえない雰囲気に。

不動産業者には手数料として、賃貸の場合は家賃の1ヵ月分、購入の場合は物件価格の3％＋6万円に消費税を添えて払わなければなりません。払う分に見合う働きをしてもらうためにも、借りる側も情報を絞り込むことが大事です。

さまざまな物件情報サイトがありますので、実際に調べてみることから始めましょう。

お部屋探しに便利なサイト（例）

サイト名	賃貸				購入			
	マンション	アパート	貸家	マンスリーマンション	新築マンション	中古マンション	新築一戸建て	中古一戸建て
リクルート住まいカンパニー SUUMO（スーモ） https://suumo.jp/	○	○	○	–	○	○	○	○
ホームアドパーク HOME ADPARK https://home.adpark.co.jp/	○	○	○	○	–	○	○	○
ニフティ不動産 https://myhome.nifty.com/	○	○	○	–	○	○	○	○
アットホーム at home https://www.athome.co.jp/	○	○	○	–	○	○	○	○
不動産情報サイト スマイティ https://sumaity.com/	○	○	○	–	○	○	○	○
ライフルホームズ LIFULL HOME'S https://www.homes.co.jp/	○	○	○	–	○	○	○	○
住宅・不動産専門サイト オウチーノ https://o-uccino.com/front	○	○	○	–	○	○	○	○
エイブル https://www.able.co.jp/	○	○	○	–	–	–	–	–
CHINTAI お部屋探しはスマホでCHINTAI https://www.chintai.net/	○	○	○	–	–	–	–	–
DOOR chintai https://chintai.door.ac/	○	○	○	–	–	–	–	–

複数の不動産情報を扱うサイトのほか、自社物件だけを検索できるサイトなどさまざま。検索情報を登録して、新着情報をメールでお知らせする機能を使うと、効率よく新しい物件情報をチェックできて便利！

退職後も「賃貸」暮らしていくときにクリアしたい２つの課題

「老後の住まいは賃貸でもＯＫか？」の疑問については**連帯保証人を確保できて、無理なく家賃を捻出できるなら一生賃貸でも大丈夫**というのが答えになります。

連帯保証人とは、基本的には家賃滞納時に立て替えて払ってくれる就労収入がある人のことです。「家賃保証会社をつければ同じでは？」と思うかもしれませんが、大家側は、入居者が部屋で孤独死して家賃を下げることになるリスクや、認知症による徘徊リスク、長期入院して家賃滞納したり郵便受けにチラシがたまることで空き巣や放火のリスクが高まったりすることを懸念し、高齢者の入居には慎重です。単なる家賃の立替え要員としてだけでなく、孤独死後の荷物の整理や部屋のクリーニング、チラシの撤去、入居者との連絡係としての側面を重視しています。子どもがいない場合、就労収入のある甥《おい》や姪《めい》に頼めなければ、人気の高いマンション（民営借家〈非木造〉）は借りづらい状況に。大都市圏では特に、ＵＲや公社、公営の借家、連帯保証人不要のアパート（木造の民間借家）が主な選択肢となりそうです。

単身高齢世帯の住まいの現状

65歳以上世帯の持ち家率は8割超

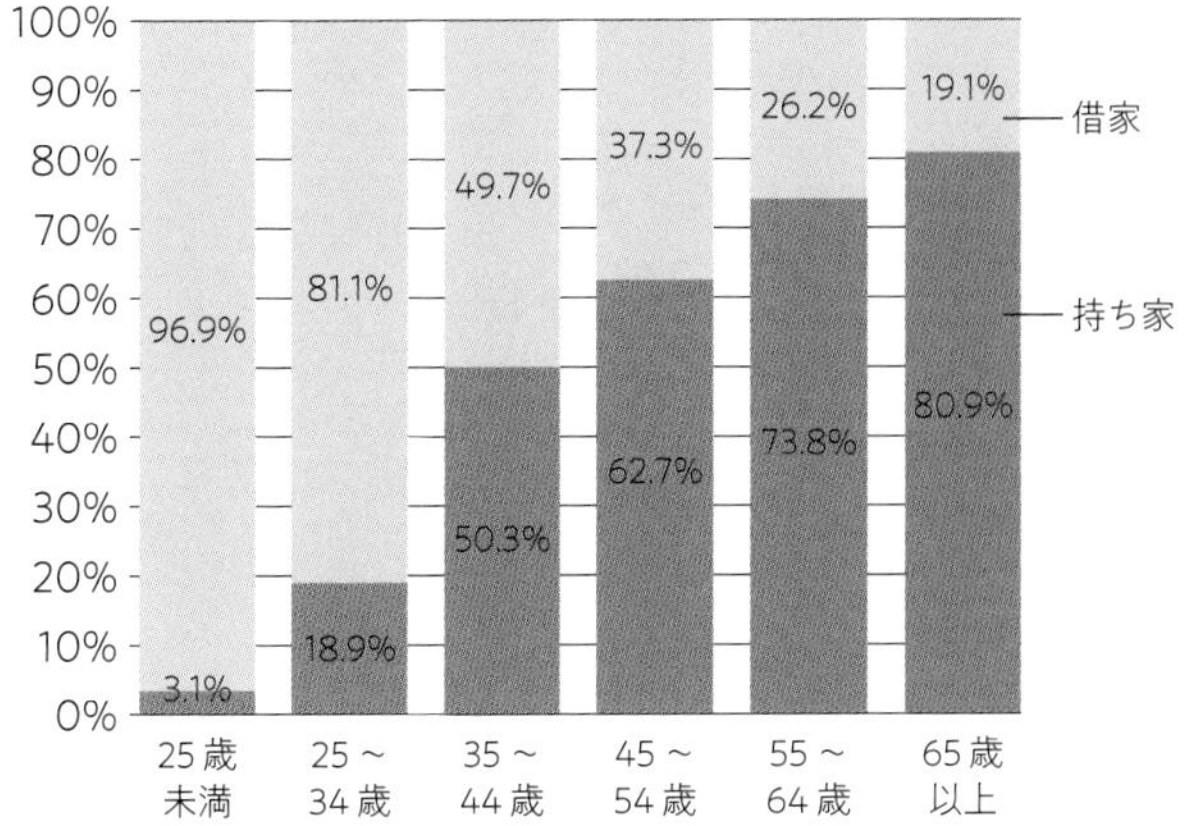

「借家」の内訳

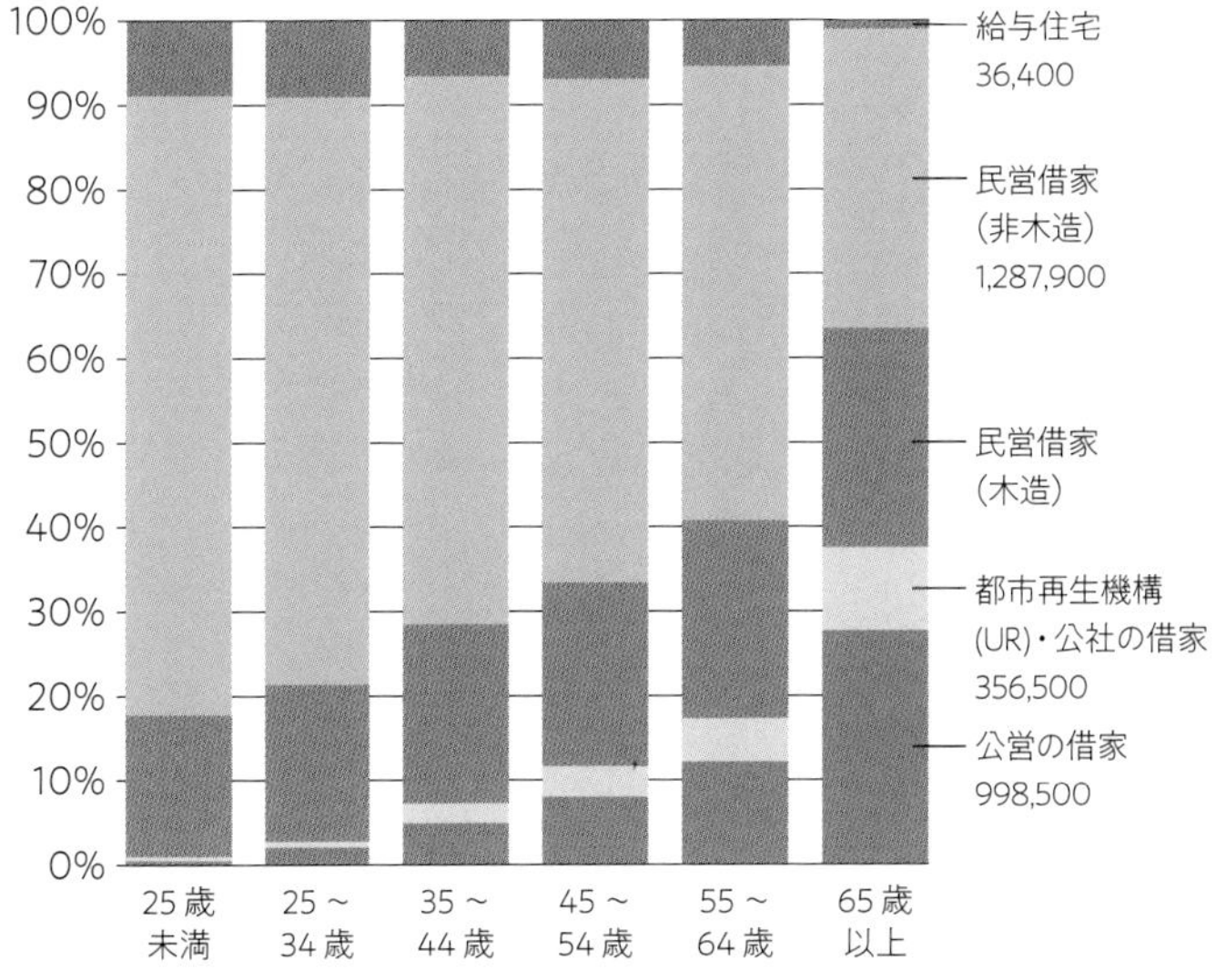

出典：総務省「平成30年住宅・土地統計調査」

今の賃貸暮らしを続けるには
年金受取額の把握が初めの一歩

老後も家賃を払っていけるかどうかは、退職後の家計のやりくりしだいです。残念ながら年金支給額として政府が約束しているのは〝現役時代の半分程度〟。今は400万円の収入がある人も、退職後は200万円程度でやりくりすることになります。ということは、何はさておき、「ねんきん定期便」で〝自分〟の年金額がいくらか確認することが大事です。50歳以上なら毎年のねんきん定期便に予想額が印字されています。49歳以下の人は、ねんきん定期便に記載されている方法で「ねんきんネット」にアクセスし、年金見込み受取額の試算をしてみてください（P20）。

その**年金額から導き出した年金月額で、家賃を支払っていけそうならとりあえず合格点**。支払っていけそうにないときは、対応策のひとつとして「購入」という選択肢が浮上します。なお、家賃の不足額を、退職金をとりくずす形で対応する予定の人は、いつかは貯蓄が底をつく不安があり、精神衛生上にも悪く、避けたほうが無難です。

「賃貸」で行くか「購入」するかを見極めよう

ステップ1　現状を書いてみましょう（すでに賃貸暮らしをしている場合）

今の月収	今の家賃
万円	【A】　万円

ステップ2　老後の年金月額（＝年金の見込み額 ÷12ヵ月）はいくらですか

年金月額
【B】　万円

老後の年金の見込み額はねんきん定期便で確認を（P20を参照）

ステップ3　老後の年金月額【B】で、今の家賃【A】をムリなく支払っていけそうですか

今賃貸暮らしをしていない場合は、物件情報サイトで検討をつけた住まいの家賃を書いてみよう！

- はい → 現状と同水準の「賃貸」暮らしを続けても、問題なし
- いいえ ↓

希望の地域で、UR賃貸やアパートで、無理なく支払っていけそうな物件がありますか

・物件検索の調べ方はP45を参照
・UR賃貸やアパートなら保証人が要らない場合が多いため確認

- はい → 将来的に安い家賃の物件に住み替えて「賃貸」暮らしを続ける考え方でOK
- いいえ ↓

今の収入は安定していますか

- はい → 就労収入のある間に住宅購入するのも一策
- いいえ ↓

将来の住まいをどうするのか、早めの検討が必要。

「当初の希望の地域とは違う地域に引っ越すことを検討する」「実家に帰る」「兄弟姉妹・親戚を頼る」「暮らしていけなくなったら生活保護を受ける」などの選択肢も視野に入れておきたい。

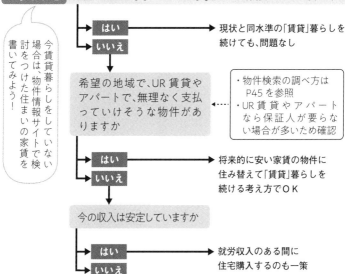

ＵＲ賃貸を借りるときに知っておきたい入居審査

「礼金ナシ・仲介手数料ナシ・更新料ナシ・保証人ナシ」で有名なＵＲ賃貸住宅を、老後の住まいとして想定している人は少なくありません。礼金や更新料がない分だけ、築年数・駅からの距離など地域の相場と比較すると、正直なところ割高感がありますが、孤独死やコロナ禍の影響で年齢を聞いただけで民間の賃貸住宅では申込みを断られてしまった高齢者が、最終的に流れ着くのもうなずけます。

ただし、実際に借りられるかどうかは別です。入居には所得要件があり、たとえば月額８万円で借りられる物件なら、基準月収32万円、つまり、年収にして３８４万円が必要です。月額32万円も年金収入がある高齢者は少数派のため、〝ＵＲは就労収入がある人向け〟とよく言われます。

厳しい基準と思うかもしれませんが、ある意味、住居費の〝身の丈〟を示しているとの考え方も。無理のある家賃では貯蓄の取りくずしが避けられず、ジリ貧です。

「UR賃貸」申込みに必要な収入・貯蓄要件

【所得基準】
申込み本人の所得は、以下の基準を満たしていますか

【単身者】
基準月収：25万円
年　　収：300万円
＜6万2500円未満：家賃の4倍＞

【世帯】
基準月収：33万円
年　　収：396万円
＜8万2500円未満：家賃の4倍＞

はい → UR賃貸に申込みできる

いいえ →
- 申込み本人の収入が基準月収額の1/2以上
  - はい →
    - 同居人と収入合算すれば基準月収額をクリアできる → UR賃貸に申込みできる
    - **【基準貯蓄と併用】** 申込み本人の貯蓄が月額家賃の50倍以上ある → UR賃貸に申込みできる
- **【一時払い制度を利用】** 契約時に家賃の15ヵ月分を用意できる（1年分の家賃＋共益費、敷金2ヵ月、入居月の日割家賃＋日割共益費） → UR賃貸に申込みできる
- **【貯蓄基準】** 申込み本人の貯蓄は月額家賃の100倍以上ありますか
  - はい → UR賃貸に申込みできる

※フローで「どん詰まり」になると、申込みできません。

収入要件がクリアできないものの、どうしても入居したい場合は、「貯蓄基準」による申込みをしたり、「一時払い制度」を活用する手もありますが、いずれは貯蓄が底をついてしまうかも。ムリは禁物、慎重に判断を。

「家を買う」と決めたときの心がまえ

買うと決めたら、住宅ローンの組み方が大事

家を買う気になって物件情報を調べて「もっと早く買っておけばよかった」と後悔する人は少なくありません。これまで支払ってきた家賃を考えれば、20〜30代に決断していれば新築を買えたかもしれないけれど、40〜50代の今は金額的に中古しか手が出ない、というわけですね。

けれども、そんなに落ちこむ必要はありません。よく考えてみれば、今検討している中古物件は、20年前の新築時は今より2000万円高い値段だったかもしれません。つまり、早く買うと決断して30代で選んだ新築物件も、今50歳代に入ってから目にしている中古物件も、じつは同じ築年数になっている可能性もあるのではないでしょうか。

新築物件も1年経てば中古物件です。**購入の早い遅いを嘆くよりも、ムリのない返済プランで住宅ローンを組めるよう、今できるベストを目指すことが大事**です。

「もっと早く買っておけばよかった」とは限らない

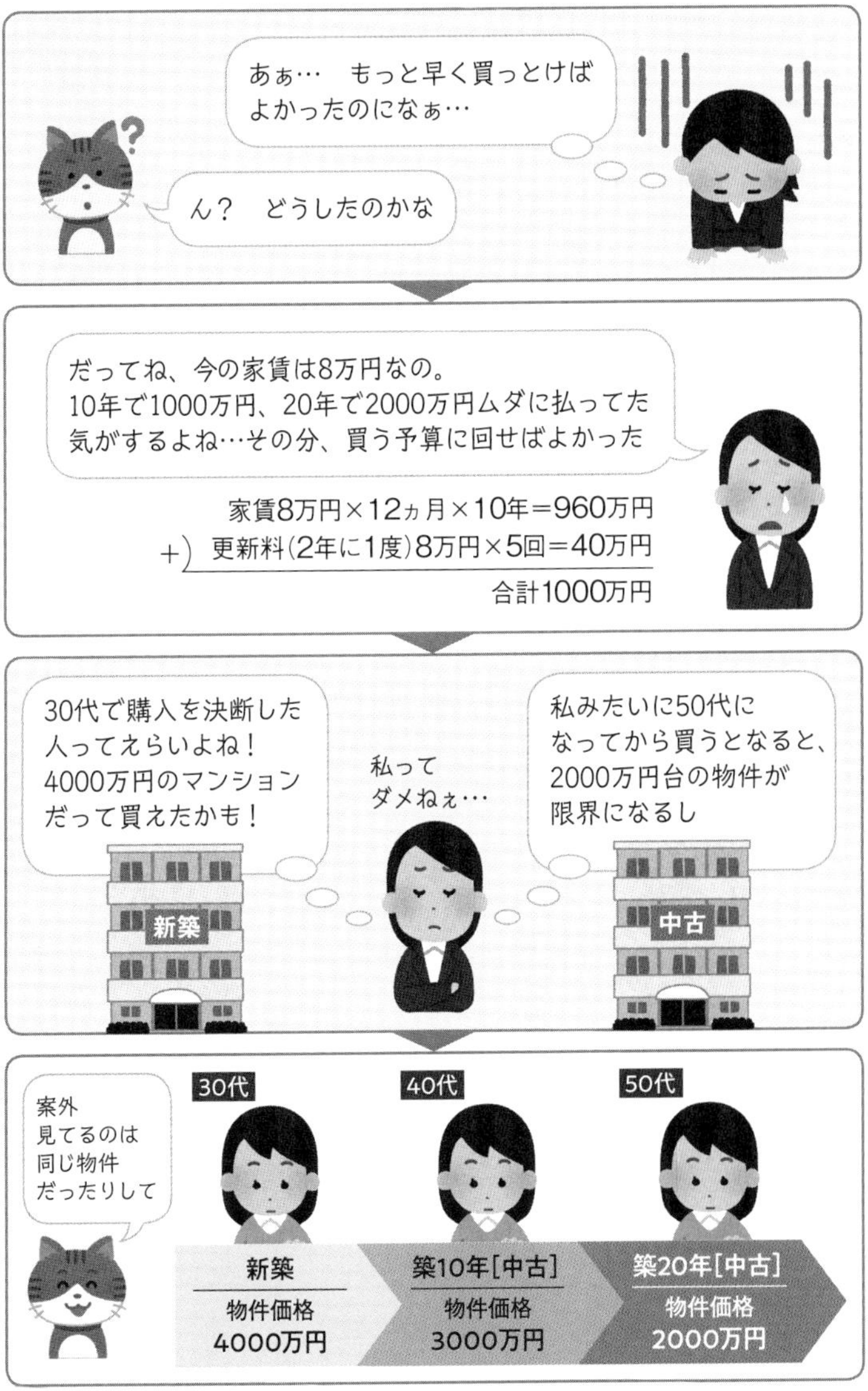
あぁ… もっと早く買っとけばよかったのになぁ…
ん？ どうしたのかな
だってね、今の家賃は8万円なの。10年で1000万円、20年で2000万円ムダに払ってた気がするよね…その分、買う予算に回せばよかった
家賃8万円×12ヵ月×10年＝960万円
＋）更新料（2年に1度）8万円×5回＝40万円
合計1000万円
30代で購入を決断した人ってえらいよね！4000万円のマンションだって買えたかも！
私ってダメねぇ…
私みたいに50代になってから買うとなると、2000万円台の物件が限界になるし
新築
中古
案外見てるのは同じ物件だったりして
30代
40代
50代
新築 物件価格 4000万円
築10年［中古］ 物件価格 3000万円
築20年［中古］ 物件価格 2000万円

家を買うときの「頭金」は必要か

家を買うときによく耳にする「頭金」とは

家を現金で一括払いできる人は、ごくごく少数派。多くの場合、「頭金」として現金で支払える以外のお金を「住宅ローン」で借りて、物件価格分の資金を用意することになります。頭金は、物件価格のうち、現金で払う部分のことを言います。

よくある「困った！」のひとつに、貯蓄の全額を頭金にできると思っていたのにそうではなかった、というものがあります。たとえば、今500万円の貯蓄がある人が2500万円の中古マンションを買う例で考えると、頭金に500万円を充てて2000万円の住宅ローンを組めばいいと思いがちです。けれども、実際には、2200万〜2400万円の住宅ローンを組まないと買えないことが多いのです。

というのは、左ページにあるように、住宅購入時には「諸費用」と「手元に残しておくお金」のとり分けが必要になるからです。これらの資金が優先になるので、手元資金が心配な人は、〝頭金はゼロ〟という選択肢もアリです。

「頭金」って何？

家の物件価格のうち、「現金で用意する額」のこと。
現金で用意できない分は住宅ローンで借りて準備することになる。

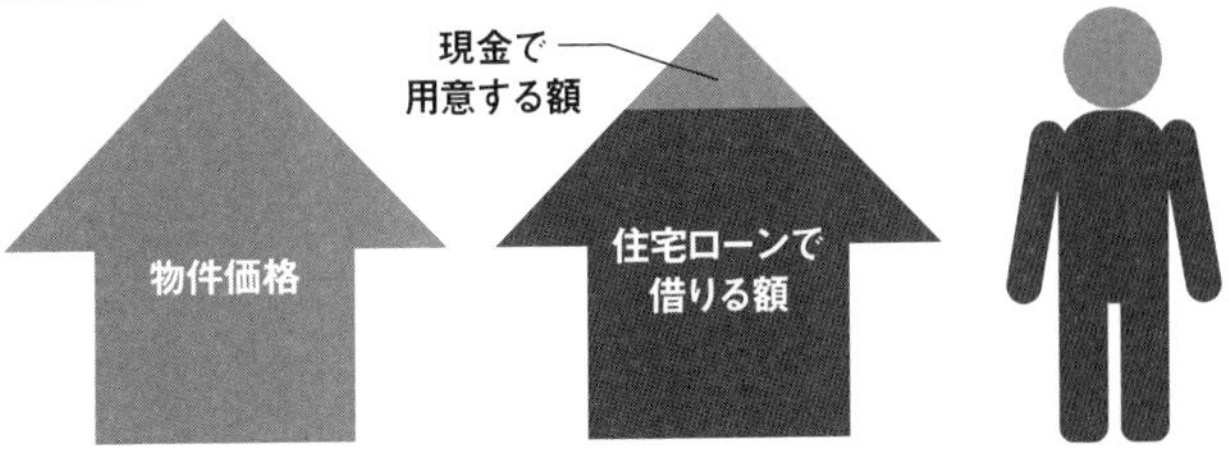

買える物件価格　＝　頭金　＋　住宅ローンで借りる額

貯蓄	−	諸費用	−	手元に残すお金	＝	頭金
万円		万円		万円		万円

諸費用：家の登記や税金、保険料、手数料にかかるお金。売買契約の後にすぐ現金で支払う必要がある。新築マンションなら物件価格の3～5%、建売住宅や中古物件なら物件価格の6～8%くらいかかるのが一般的。

手元に残すお金：生活費の半年～1年分は手元に残しておくと安心。月々25万円で暮らしているなら、150万～300万円が目安。

「頭金」は多く入れたほうがいいのは確かだけど、コロナ禍で暮らしも不安定なので、ムリに頭金に充てず、とりあえず手元に置いておいて、ゆとりができてきたら繰り上げ返済資金に充てるのも手。
「諸費用」は家を買うときに現金で支払うため、貯蓄からの捻出が一般的。諸費用ローンが用意されている場合もあるものの、諸費用ローンの金利は住宅ローンよりも高いので、使わないのが基本。

しっかり見極めたい「毎月返済額」

「毎月返済額」は家賃より少なめの額にするのが正解

家を見に行くと、高い物件価格でも不動産業者から「住宅ローンを組めるから買えますよ」と言われ、その気になりがちです。けれども、購入後、返済できずに破綻しても、自己責任だと言われ、だれも助けてくれません。金融機関は、諸費用として払った保証料をもとに保証会社から貸した全額を回収できるため、〝ふところ痛まず〟なのです。**家を見に行く前に、いくらまでの住宅ローンならムリなく返せるのかを自分で試算しておくのがおすすめ**です。購入前後の月々の住居費が同じになるように組めば、暮らしの質は悪化しません。その視点から、今の家賃からまず維持費（購入する物件の固定資産税・都市計画税を12ヵ月で割った額、マンションを買う場合の管理費・修繕積立金など）を差し引き、「毎月返済額」を導き出します。そのうえで、返済期間と金利を決め、借入可能額（借入限度額）の試算サイトを使えば、いくらまでの住宅ローンを組めるかを自分で算出できます。

物件を見に行く前に〝返せる額〟の確認を

購入可能額　＝　頭金　＋　住宅ローンで借りる額

【毎月返済額】【返済期間】【金利】などの条件で試算して求める

[試算サイトの例]

- みずほ銀行「住宅ローン借入可能額シミュレーション」
  https://www.mizuhobank.co.jp/cgi-bin/loan/borrowing_top.cgi
- 知るぽると「借入限度額シミュレーション」
  https://www.shiruporuto.jp/public/check/funds/sikin/menu/s_gendo.html
- フラット35「毎月の返済額から借入可能金額を計算」
  https://www.flat35.com/simulation/simu_02.html

◆毎月返済額は、購入前後の月々の住居費の額が同じ水準になるように決めるのが理想

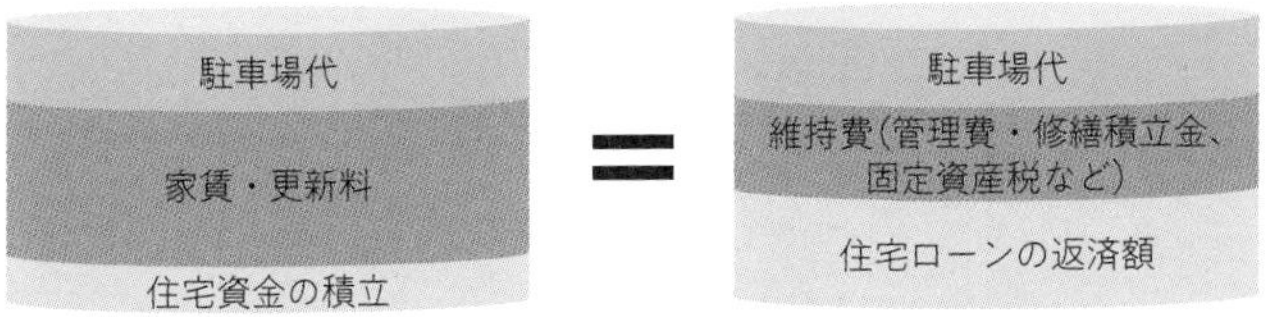

購入前（賃貸暮らし）　　購入後

[例] 今の家賃が 8 万円の人が、維持費を加味して毎月返済額を 6 万円にする場合、頭金 375 万円を用意できれば、2500 万円の物件が購入可能に。

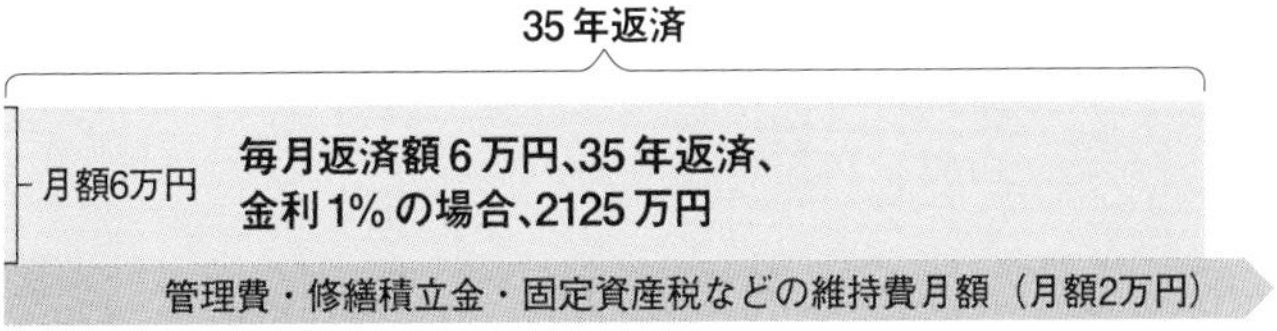

※金利の決め方はP58 を参照のこと
※どのような返済プランにするかは、P58 を参照のこと

住宅ローンは将来の返済計画が大事

〝収入の形〟に合わせた返済プランがベスト

住宅ローンは借金なので、途中で返済できなくなると自己破産となる危険性も。**〝収入の形〟に合わせ、収入が少ないときに毎月返済額も少ないプランが安心**です。

多くの場合、業者に提案されるのは35年返済のプランです。今の月収が30万円ある人なら、月々6万円の返済プランはムリなく返していけそうに思うかもしれません。しかし、退職後の年金が月額15万円となると月々6万円の返済はムリがありそうです。例1のように、計画的に繰り上げ返済して退職までの完済を目指すか、退職金で完済可能かどうかの確認はしておきたいところです。

退職金を充てるなら、年金から返済できる水準くらいまでに返済額軽減型で繰り上げ返済する手もあります（例2）。借りる際に、フラット35の「ダブルフラット」のように長短2本のローンを組んだり（例3）、銀行のミックスローンで、1本を繰り上げ返済で縮めていくと（例4）、〝収入の形〟に合わせた返済プランにできます。

将来もムリなく返済できる

◆理想的な返済プランは、収入の形にフィットするのがベスト

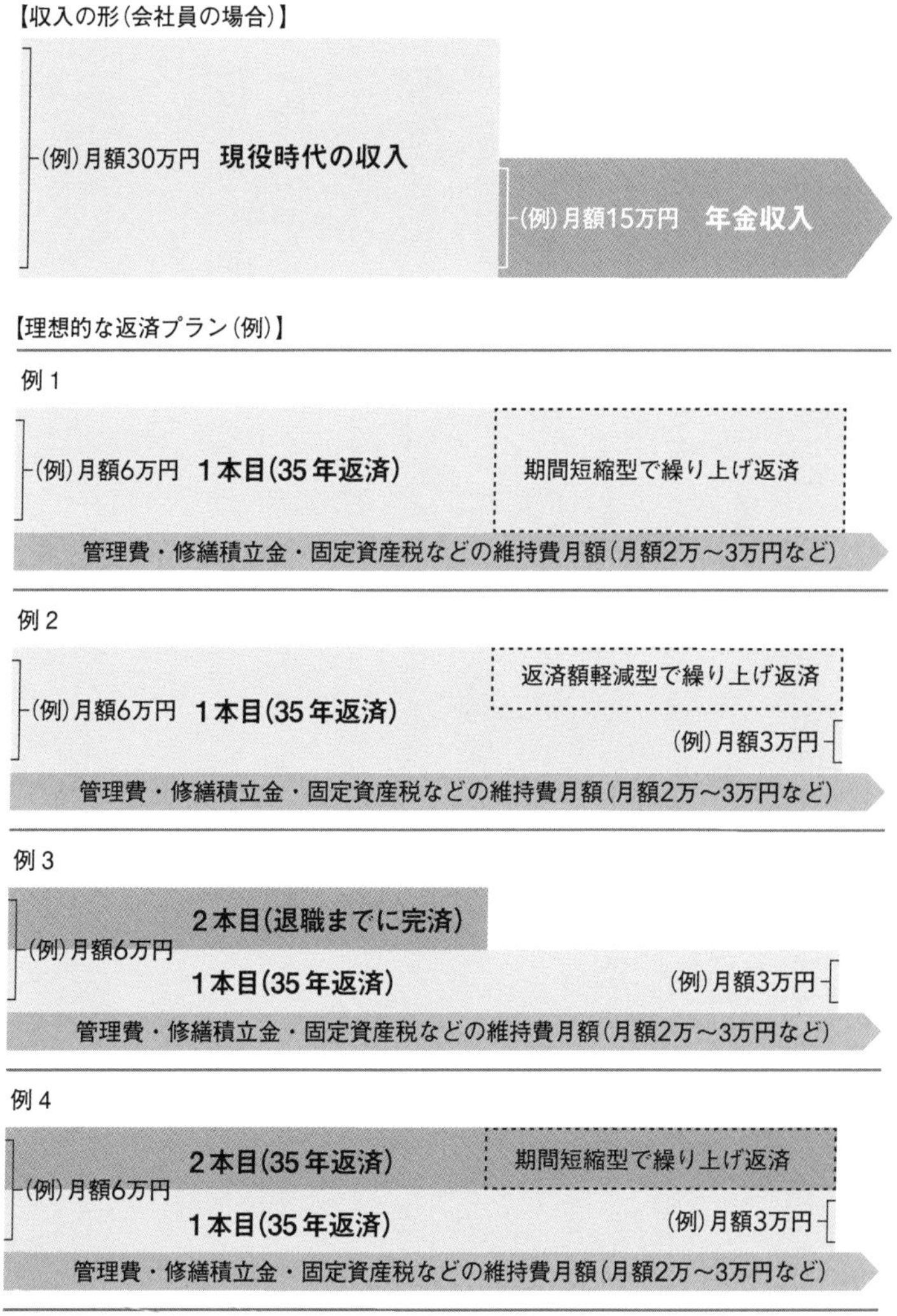

※繰り上げ返済についてはP60を参照のこと

住宅ローンをコントロールする 2つの「繰り上げ返済」

住宅ローンは借りたときがゴールではなく、借りたあとに〝収入の形〟に合わせたメンテナンスをしていくことが大切です。**多くの人が実行しているのが「繰り上げ返済」で、より安心感のある返済プランにメンテナンスできる**メリットがあります。

「期間短縮型」と「返済額軽減型」の2種類あり、いずれも、まとまった金額を元金だけに充当することで、その元金に見合う利息を支払わなくて済む（節約）効果があります。期間短縮型は、たとえ同じ金額を繰り上げ返済したとしても、借り入れから早い時期に実行するほど、返済期間を大幅に短縮でき節約利息も高額になります。返済額軽減型も、借り入れから早い時期に実行するほど節約利息は多くなりますが、返済期間の残り期間が短いほど返済額の軽減効果が高くなります。

前ページの例で言えば、例1や例4では期間短縮型を、また例2なら返済額軽減型を使うと〝収入の形〟に合わせた返済プランに近づけることができます。

知っておきたい2つの「繰り上げ返済」

期間短縮型

「期間短縮型」は、借り入れから早い時期にしたほうが効果大。
期間がたくさん縮まって節約利息も多くなる。下図は元利均等返済の例。

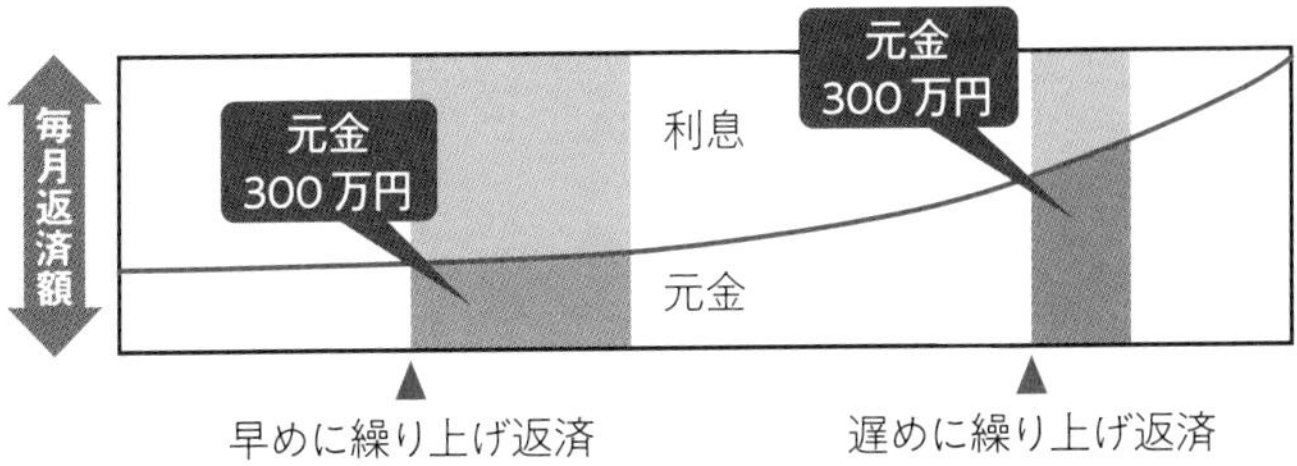

2500万円、35年返済、金利1.0%、毎月返済額7.1万円の例	繰り上げ返済額	短縮される期間	節約される利息
1年後に実行	300万円	4年10ヵ月	約111万円
15年経過後に実行	300万円	4年2ヵ月	約59万円
25年経過後に実行	300万円	3年10ヵ月	約25万円

返済額軽減型

「返済額軽減型」は、節約利息は借り入れから早い時期にしたほうが効果大。
返済額軽減効果は遅い時期が効果大。下図は元利均等返済の例。
利息軽減効果は「返済額軽減型」よりも「期間短縮型」のほうが大きい。

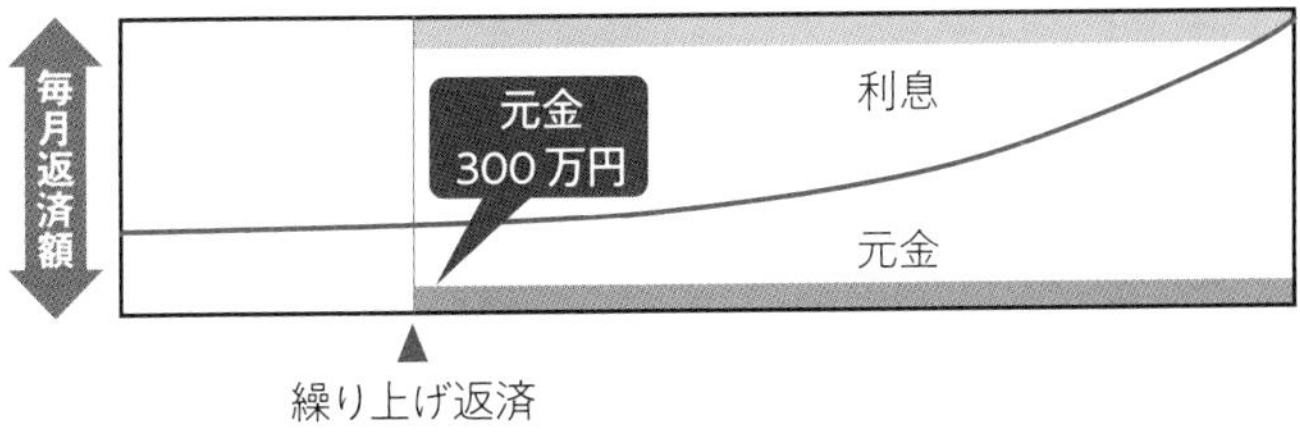

2500万円、35年返済、金利1.0%、毎月返済額7.1万円の例	繰り上げ返済額	毎月返済額	節約される利息
1年後に実行	300万円	7.1→6.2万円	約54万円
15年経過後に実行	300万円	7.1→5.7万円	約31万円
25年経過後に実行	300万円	7.1→4.4万円	約15万円

知っておきたい住宅ローンの違い

「住宅ローン」は３種類
金利の高低にはワケがある

住宅ローンを借りる気になって、銀行の入り口や雑誌などでチェックしてみると、住宅ローンの金利水準にはかなりバラツキがあることがわかります。もちろん、銀行などによって異なるわけですが、住宅ローンの種類によっても差があります。

しくみは左図の通りですが、２０２０年12月現在の金利は「全期間固定金利型」は１・３％前後、「固定金利選択型」（10年）なら１％前後、「変動金利型」なら０・５％前後で、倍以上の差があります。

金利の低さが魅力の「変動金利型」は、金利がアップしたときに対応が難しいので、15～25年くらいの返済期間で、年収の５倍くらいまでの金額で利用するのに向いています。**30～35年くらいの返済期間で借りる場合は、「固定金利選択型」や「全期間固定金利型」を中心とした返済プランが安心**です。「変動金利型」より金利は高いものの、安心料と割り切れば、金利上昇時のリスクを抑えられます。

金利感応度の異なる3つの住宅ローン

◆全期間固定金利型

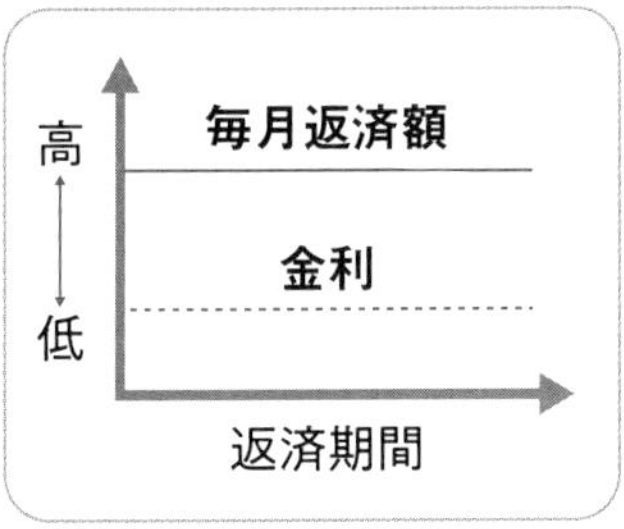

・借り入れ当初の金利が返済終了まで続くタイプ。今後の金利動向に左右されず、返済額が変わらない安心感がある。
・住宅金融支援機構の「フラット35」のほか、一部の銀行でも取り扱っている。
・「固定金利選択型」「変動金利型」より金利水準は高め。

◆固定金利選択型

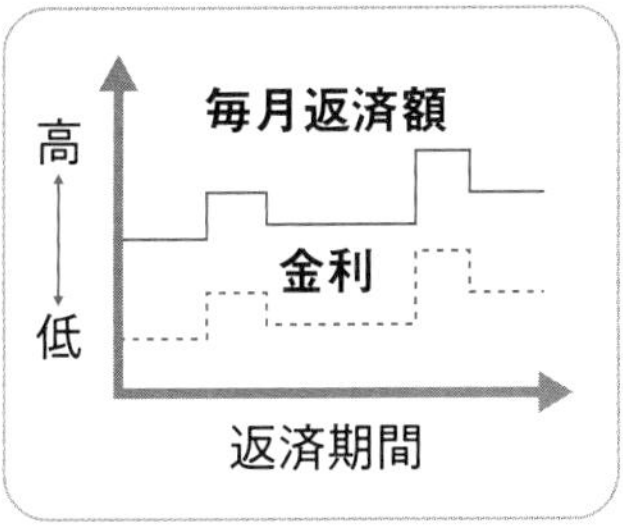

・2年、3年、10年など一定の期間だけ金利を固定できるタイプ。固定期間終了後は再度、「固定金利選択型」か「変動金利型」かを選択するものが主流。
・財形住宅融資（5年）のほか、銀行などの金融機関で広く取り扱われている。
・固定期間が長いほど、金利水準は高め。

◆変動金利型

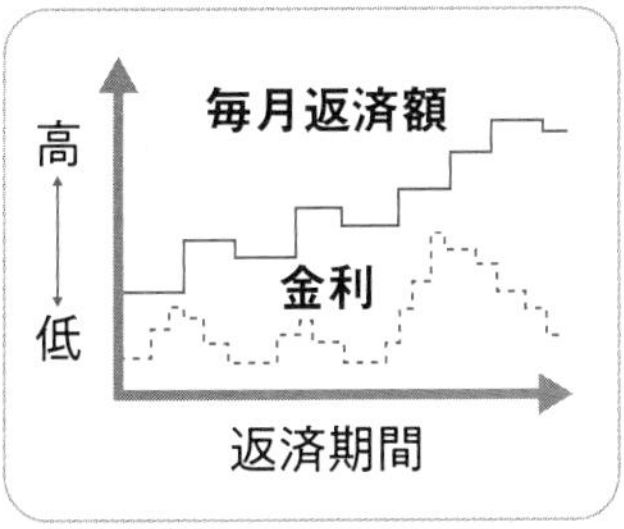

・金利は半年ごと、毎月返済額は5年ごとに見直されるものが主流(5年ルール)。元利均等返済の場合、金利がアップしても次の5年間の毎月返済額は前の5年間の1.25倍までに抑えるローンが多い(1.25倍ルール)。負担すべき利息が毎月返済額を超えた場合には未払い利息が発生する。
・銀行など多くの金融機関でとり扱っている。
・金利水準は通常、最も低い。

「コンパクトマンション」の是非

税金の恩恵少なく割高な物件も。雰囲気に流されての購入は危険

「コンパクトマンション」は、ステキな内装、駅近な物件や都心・大都市へのアクセスがよい立地で、宅配ボックスやセキュリティを強化した、高いデザイン性のある物件が多く、とても魅力的です。30〜50㎡台の広さで1LDK〜2LDKの広さが中心。ファミリータイプよりも手に届きやすい価格設定で、ワンルームマンションよりもゆったりと暮らせるため、シングルに特に人気です。

ただ、購入したものの、お金の面で苦しくなったという相談があとを絶ちません。相談に多い内容は「管理費・修繕積立金がアップするとは知らなかった」「金利がアップして毎月返済額が増えてしまった」「売ろうと思ってもローン残債が多くて身動きがとれない」「困ったら貸せばよい、とセミナーで言われたが、ローン契約書に本人が所有・居住する場合でなければ一括返済（期限の利益を喪失する）と書いてあり、現実的にムリ」。**無理な資金計画とならないよう、念入りな吟味が大切**です。

「コンパクトマンション」の留意点

住宅ローン控除（内法《うちのり》50㎡以上が要件）の適用を受けられない物件が多い（購入時に自分が適用を受けられないだけでなく、売るときにも購入者が適用を受けられないため、不利になる可能性も）。ただし2021年度税制改正で面積要件の緩和案が浮上。動向は要チェック！

管理が行き届いていない物件が目立つ（コンパクトマンションの多くは「常駐」や「日勤」ではなく「巡回」管理で、自転車置き場やごみ置き場、エントランスのチラシの散乱などが問題になることがある）

登録免許税の軽減も、住宅用家屋（新築）に関わる不動産取得税の軽減も、固定資産税の軽減も、床面積が50㎡以上なら受けられるが、未満なら受けられない。つまり、住宅購入時の税金の負担が、ファミリータイプの物件を買う際に比べかなり割高に。

大都市圏などで投資用で建てられた物件の中にあるコンパクトマンションの場合は、遮音性や設備が見劣りするものも。

賃貸の入居者が多いため、夜まで騒いだり、ゴミ出しの意識が低い人が多いため、日々の暮らしに不満を持つ場合も。

大規模物件の中にあるタイプのコンパクトマンションの場合、北向きや低層階の物件が比較的多い傾向がある（日当たり良好をうたう物件は高値のファミリータイプに多く供給される傾向あり）。

「コンパクトマンション」を検討する際には、後悔しないように、デメリット・留意点についてもしっかりチェック！

「団地」を購入するという選択

ＵＲ賃貸や公営住宅に一生住む場合とのコスト比較を

「団地」はもともと一団の土地を指す言葉のため、実は大規模分譲マンションなども定義上は該当することもあります。一般的には、日本住宅公団（現・都市再生機構）の公団住宅や都道府県や市町村による公営住宅を指すことが多いです。

魅力は、広めの間取りと、割安な価格。一生賃貸暮らしを希望する人の多くが検討するものに都市再生機構のＵＲ賃貸がありますが、「古いから論外」という人は、それらの賃貸に一生住むことと比べてみては。月々６万円の家賃の住まいに60〜90歳まで住む前提なら家賃負担は２１６０万円。同等の都市再生機構の物件が１０００万〜１５００万円前後で売りに出ていることも多いので、視野に入れて検討してみてはいかがでしょうか。**床暖房を入れたり、内装を変えたりしてリフォーム・リノベーションするのも人気**です。退職したらＵＲと考えている人は、50歳代に入ったら希望の立地・間取りの団地が売りに出ていないか、情報チェックを始めることがおすすめです。

「団地」を買うという選択

物件価格	安い →リノベーションして自分好みの間取り・内装にしやすい
日当たり・採光	全棟ほぼ南向きで、日当たり抜群。
間取り等	ファミリータイプが中心 →テレワークルームの確保が容易
立地	物件による。 バスによるアクセスとなる物件が多い。
建物構造	鉄筋コンクリート造で丈夫。 5階建てが多く、セカンドライフの足腰を考えると2階・3階あたりがねらい目。
居住する年代	リノベーション物件に住む若い夫婦やファミリーのほか、昔から居住している年金世代などさまざま。マンションに比べ、近所との距離感はゆったり。
住環境	芝生などの緑が多い。周囲がゆったり。
築年数	古めの物件が多いが、公団などが手がけるリノベーション物件なども増えている
維持・管理	賃貸に出されている団地よりも、分譲団地のほうが維持管理が行き届いている。
物件情報の探し方	中古の団地情報は、物件情報検索サイトでは「中古マンション」として、一般的な住宅情報と一緒に掲載されている。

賃貸として借りるときは「貸してくれるだけで御の字」と思って築年数を妥協して入居し、できるだけ長く住みたく考えるもの。ところが買うとなると、「古いから論外」と検討対象から外すのはもったいないかも。

同じ団地でも賃貸棟と分譲棟があることが多いので、その団地の賃貸相場と比べてみては。

入りたいと思った状況で検討するタイミングが異なる

老後の「施設」は調べてみると、種類が思ったよりたくさんあって、迷ってしまう人も少なくありません。**どんな利用のしかたをしたいのか、自分のイメージを持つことができれば、注目すべき施設をしぼり込むのは簡単**です。

たとえば、「自立の状態から受け入れが可能な有料老人ホームに早めに入居し、そこで一生過ごす」「サービス付き高齢者向け住宅に入り、介護度が進んだ時点で、介護付き有料老人ホーム等に転居する」「ひとり暮らしに不安を覚えるようになった時点で介護付き有料老人ホーム等に入居する」という感じです。

そのイメージに合わせて、情報収集や見学、体験入居の時期も変わってきます。日常生活を制限されることなく健康的に生活を送れる期間を示す「健康寿命」は現在70歳代前半なので、健康に不安を覚えたころに入所したいなら60歳代後半から動き始めると効率的です。それまでは、集中して資金の準備にとり組みましょう。

「施設」探しのタイミング

60歳

「早いうちに“終の棲家”を決めて、そこに住み続けたい」という人は、60歳前くらいから情報収集や見学、体験入居を始めるとムダがない

65歳

「健康に不安を覚えた頃に、老人ホームを利用したい」という人は、70歳前後の入居をイメージして、65歳くらいから情報収集や見学、体験入居を始めておくと安心

70歳

「本格的に介護が必要となったら老人ホームを利用したい」という人は、75歳前後の入居をイメージして、70歳過ぎくらいから情報収集や見学、体験入居を始めておくと安心

75歳

80歳

老人ホーム選びで後悔が多いのは「もっとたくさん見て、前もって選んでおけばよかった」というもの。

少なくとも5つ以上見て選びたいところ。

体力と判断力、そして時間のあるうちに見ておくのが後悔を避けるコツ。

85歳

90歳

最終的な施設の選択は手持ち資金の多寡による

いつかはひとりになるからと、〝終の棲家〟として施設入所を考える人は少なくありません。けれども、**介護施設などへの入所ができるのは早くても60歳からなので、20～40代の今から過度に心配してもあまり意味がありません。**

今できることは、どんな種類の施設があって、お金の相場がどれくらいかを把握しておくことと、少しでも多くお金を準備しておくことです。

たとえば、要介護状態になる前に入所できる施設として、リーズナブルだと言われている「サービス付き高齢者向け住宅」は、60歳以上の人などが入れる高齢者向け賃貸住宅ですが、高齢者向けの安否確認と生活相談がつく分だけ、少なくとも地域の家賃相場よりも月額利用料は高めです。

そのため、今できることは、その高めの家賃に備えた老後資金づくりということに。準備できた額に合わせて、予算内の施設を選ぶという流れになります。

「終の棲家」としての施設の例

<table>
<tr><td rowspan="4">要介護者が入居する施設</td><td>特別養護老人ホーム
「特養（とくよう）」
（介護老人福祉施設）</td><td>常に介護が必要で、自宅での生活が難しい要介護者が入居（15年4月から入居は原則要介護3以上に限定）。最も定員・利用者数が多い。一度入所すると、原則として終身に渡り入所可能。</td></tr>
<tr><td>介護老人保健施設
「老健（ろうけん）」</td><td>病状は安定期にあるものの、退院してすぐに自宅に戻るのが不安な要介護認定者が、在宅復帰を目指して介護、機能訓練などを受ける施設。</td></tr>
<tr><td>介護療養病床（介護療養型医療施設）</td><td>急性期の治療が終わった後、比較的長期の療養を必要とする要介護者が入る施設。国が廃止の方針を打ち出している。</td></tr>
<tr><td>認知症高齢者
グループホーム</td><td>認知症の高齢者（要介護認定者）が少人数（5~9人）で介護サービスを受けながら共同生活をする。</td></tr>
<tr><td rowspan="4">自立の人が入居可能な施設</td><td>有料老人ホーム
（介護付き）</td><td rowspan="2">高齢者を入居させ、(1)食事の提供、(2)介護（入浴・排せつ・食事）の提供、(3)洗濯・掃除等の家事の供与、(4)健康管理、のうちのいずれかのサービス（複数も可）を提供。施設によって、それぞれ特徴や入居時の条件が異なる。入居に際し、一時金と月々の管理費、食費などがかかる。
「介護付き」では、介護保険の範囲内で施設が必要な介護サービスを24時間体制で提供、職員による介護サービスを毎月一定額の介護費用で利用できる。
「住宅型」では、外部の介護保険事業所から介護保険の居宅サービスを受ける。入居者の状態に合わせて必要なサービスを組み立て、利用した分だけ介護費用を支払う。</td></tr>
<tr><td>有料老人ホーム
（住宅型）</td></tr>
<tr><td>サービス付き
高齢者向け住宅
「サ高住（さこうじゅう）」</td><td>入居者は60歳以上、または要介護・要支援認定を受けている60歳未満のいずれかに該当することが条件。バリアフリー構造で、安否確認と生活相談付きの賃貸住宅（一時金は不要）。その他のサービスは施設ごとで任意。</td></tr>
<tr><td>軽費老人ホーム</td><td>社会福祉法人や地方自治体などが運営する福祉施設で、自治体の助成を受けて、有料老人ホームより比較的低い利用料でサービスを提供している。 食事を提供する「A型」と、食事を提供しない「B型」、さらに「C型」と呼ばれるケアハウスがある。ケアハウスは、必要最低限のサービスで自立を保てる人向けが中心。有料老人ホームと同じようなサービスだが、おおむね費用は安い。 常時介護が必要になると、施設によっては特別養護老人ホームや介護付き有料老人ホームに移らなければならない場合がある。</td></tr>
</table>

「自立」状態から入れる老後の施設

入所者の雰囲気が合うかどうか見学時にしっかり確認を

60歳を過ぎた「自立」の人（要介護状態ではない人）が「終の棲家」を求める視点で入れる施設としては、サービス付き高齢者向け住宅（サ高住）と、住宅型有料老人ホーム、ケアハウスの3つが挙げられます。ただし、見学に行ってみると、入所者の年齢が高くて雰囲気が合わずガッカリすることも。十分な吟味が必要です。

たとえば、ケアハウスは軽費老人ホームの一種で、社会福祉法人や地方自治体などが運営する福祉施設です。有料老人ホームと同じようなサービスながら自治体の助成を受けて比較的低い利用料で済む点が魅力です。おもに生活に対する不安のある自立あるいは要支援の高齢者、特に75歳以上の後期高齢者を受け入れています。

ただし、居室面積は狭いところが多く、地域によっては入居難易度が高いケースもあります。常時介護が必要になった場合は、施設によっては特別養護老人ホームや介護付き有料老人ホームなどに移らなければならない場合もあり、要注意です。

元気なうちに入れる「施設」の例

サービス付き高齢者 向け住宅「サ高住（さこうじゅう）」		入居年齢	60歳以上
		入居のタイミング	自立～要支援
		介護サービス	外部業者の訪問介護
		費用	中程度～高水準
有料老人ホーム	住宅型	入居年齢	おおむね60歳以上
		入居のタイミング	自立～要支援
		介護サービス	外部業者の訪問介護
		費用	高水準
	介護付き	入居年齢	65歳以上
		入居のタイミング	要支援～要介護
		介護サービス	施設内で提供
		費用	中程度～高水準
ケアハウス	一般型	入居年齢	独居生活に不安のある60歳以上の高齢者
		入居のタイミング	自立～要支援
		介護サービス	外部業者の介護サービス利用または退去
		費用	低水準～中程度
	介護型	入居年齢	独居生活に不安がある要介護1以上の65歳以上の高齢者
		入居のタイミング	自立～要支援
		介護サービス	施設内で提供
		費用	低水準～中程度

出所：筆者が作成

地域の「施設」は自治体に聞くほか、以下のサイトなどで探せます。

・厚生労働省「介護事業所・生活関連情報検索」
（https://www.kaigokensaku.mhlw.go.jp/）
・「みんなの介護」（https://www.minnanokaigo.com/）
・「LIFULL 介護」（https://kaigo.homes.co.jp/）
・有料老人ホーム検索「探しっくす」
（https://www.sagasix.jp/）

交通費と住居費と通勤時間のプラス、マイナスを考慮して判断

コロナ禍で働き方が変わり、自宅にいる日が増えたという理由で、都心や大都市圏にこだわらない住まい探しを始める人が増えています。

その魅力は、緑豊かな環境と安い住居費です。借りずに購入という人も少なくありません。比較的時間のある今は決断しやすいタイミングです。

物件選びに関しては、まず、Ｗｉ－Ｆｉなどのネット環境を整えられるかどうかや買いものの利便性についてチェックを。多くの場合、車生活になるので、大人の人数分の車の新規購入費用や駐車場代についても見込んでおくとよいでしょう。

検討したものの、最終的に断念したケースが多いのは、子どもがいるご家庭の場合です。学校や園などが遠かったり、求める教育水準がなかったりすることが理由です。親はテレワークでも子どもは学校に登校するため、つらい思いをしなくて済むよう、県外からの移住者に対する過敏度もしっかり確認しての判断が重要です。

コロナ禍と地方移住の関心度

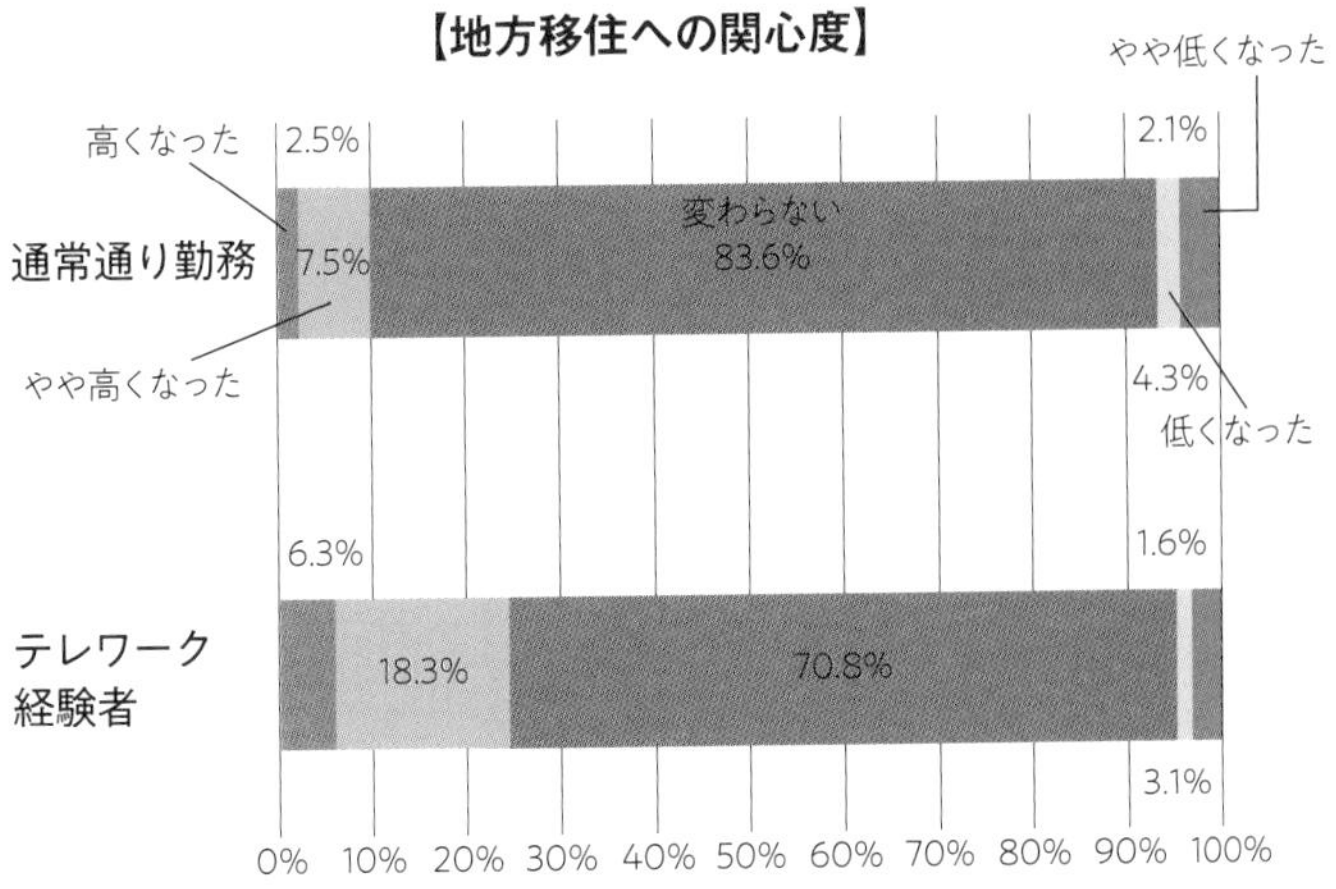

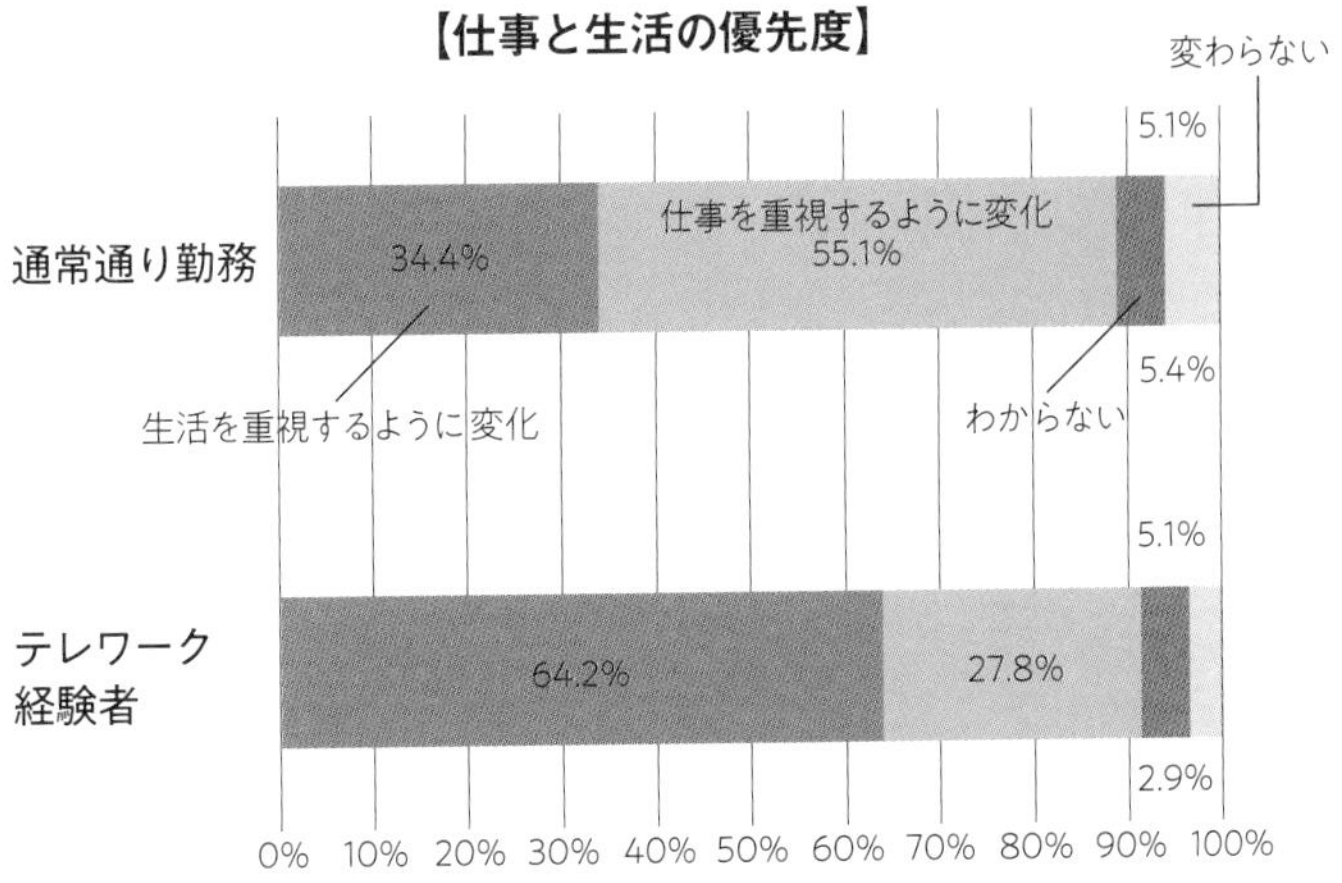

出典：内閣府「新型コロナウイルス感染症の影響下における生活意識・行動の変化に関する調査」より

「有料老人ホーム」は高嶺の花！

遺産や資産がある人向けの選択肢

「介護に必要な額はいくらか」という話は雑誌などでよくとり上げられていますが、300万円とか500万円などの相場の額はあくまで平均のデータをもとに最低限（在宅介護前提）で算出されたもの。平均で備えて安心するのであれば、その額を用意するだけの話ですが、老後2000万円問題でいうところの2000万円と同じなので、参考にはなっても自分の介護対策の基準にはなりません。

おひとりさまの希望で多いのは、有料老人ホームへ入ることですが、住居費に加え人の手による援助があり、人件費がプラスされる分、想定より高いのが通常です。月額費用は、心身の状態や入居年齢、立地などの条件によって金額が大きく異なりますが、介護付きの例では月額23万円程度。年金だけで支払えない分は貯蓄をとりくずすことになり、遺産や保険金などの大きな蓄えがなければ難しいことも。身元保証人を必要とするところも多く、おひとりさまにはハードルが高めです。

どこで介護を受けるかのイメージを持とう

公的介護施設

特別養護老人ホーム(特養)
介護老人保健施設(老健)
など

特養は、
コストは安いけど空きが
あまりない状況。
原則として要介護３以上に
ならないと入居できない。
認知症で要介護３は
自分の名前が
言えないレベル。

自立した人向けのその他の介護施設

・グループホーム
・サービス付き高齢者向け住宅(サ高住)
・ケアハウス(軽費老人ホーム)
・介護付き有料老人ホーム
・住宅型有料老人ホームなど

自分ひとりの
暮らしに不安があるものの
なんとか暮らしていける
レベルの人が利用。施設によって
サービスはまちまち。組織の区分に
こだわらず、ショートステイなどで
自分との相性を判断要。
どの施設が利用できるかは、
予算しだい。

見学時に
しっかり確認！

せっかく有料老人ホームやサービス付き高齢者向け住宅などに入っても、要介護度が高くなると退去を言い渡される施設も。

在宅介護サービスをフル活用する

心身に不調が出てきたら要介護申請を

施設の費用を捻出できそうにない、との判断になれば、在宅で介護サービスを受けながらの生活のほうが現実的です。**心身に不具合が出てきたら、住んでいる市区町村役場に早めに要介護申請をするのがコツ**。ケアマネージャーがついて、介護保険の要介護度別の限度額の範囲内で自分にあったサービスを、できるだけ自己負担額が少なくて済むようにケアプランを作成してくれます。

要介護度がそれほど高くない状態（要介護1〜2レベルが目安）で、要介護申請できれば、自宅にいながらも悪化させずに自分らしく暮らしていけます。

ひとり老後を考えるとき、自分をサポートしてくれる人が身近にいないことが最大の不安要因ですね。けれども、介護保険サービスを使えば、ケアマネージャーや顔なじみのスタッフなども増え、いざというときに相談できる人も増えます。夜間の対応をしてくれるサービスも複数ありますので、視野に入れておいてください。

介護保険サービス利用の流れ

申請
市区町村役場の介護保険窓口に申請書を提出。主治医(かかりつけ医)がいる場合は、申請書に忘れずに記入する。

↓

審査・判定
調査員が自宅等を訪問し、本人などから聞きとり調査。
市町村が主治医に連絡を取り、意見書を作成。
一次審査(コンピューター判定)、二次審査(専門家判定)が行われる。

↓

認定・通知
申請してから原則として30日以内に判定結果の通知が来る。
・介護予防が必要な「要支援1・2」
・介護が必要な「要介護1～5」
・介護保険の対象とならない「非該当(自立)」

↓

ケアプランの作成
「要支援1・2」「要介護1～5」となった場合は、利用可能なサービスを確認する。施設入所を希望する場合は、希望する施設に直接申し込むと、施設のケアマネージャーが、また、在宅介護の場合は居宅介護支援事業所のケアマネージャーなどが、本人の希望や状態に応じてケアプランを作成。

↓

介護保険サービスを利用
要支援度・要介護度に応じて、1ヵ月当たりの利用上限額がある。その予算内で、本人の希望や状態に適したサービスを利用できる。要介護認定は12ヵ月(初回は6ヵ月)有効。有効期間が終了するときに更新。

【在宅介護で利用できる主な介護保険サービスの例】

手すりの取り付け、段差の解消などの住宅改修費 **20万円まで**	車いすや特殊寝台など、支給限度額内で **福祉用具のレンタル**	腰かけ便座、入浴補助具などの購入費について、毎年 **10万円まで**	ホームヘルパーによる家事手伝い、入浴介助などの生活支援 **訪問介護**
自分ひとりでの入浴が危なくなったとき、浴槽を積んだ巡回車が訪問 **訪問入浴介護**	病状が安定した後、看護師や保健師が家庭を訪問 **訪問看護**	病状が安定した後、理学療養士、作業療養士などが家庭を訪問 **訪問リハビリ**	デイサービスセンターなどに通い、入浴、機能訓練などを受けられる **デイサービス**
老人保健施設や病院・診療所に通って、入浴、機能訓練などを受けられる **デイケア**	老人保健施設や病院・診療所に短期間入所し、日常生活の介護等を受ける **ショートステイ**	日中・夜間を通じて1日複数回、自宅訪問 **定期巡回・随時対応型訪問介護看護**	夜間の定期的な巡回、夜間の通報による随時訪問 **夜間対応型訪問介護**

9割引きでサービスを利用できる!

介護保険サービスは、利用料の9割部分を介護保険が負担して、残り1割を利用者が自己負担するしくみ。手すりを付けるのに10万円かかったら、支払いは1万円でOKに。(ただし、年金収入が高い人は、自己負担額がアップ。280万円以上の人は2割負担、340万円以上の人は3割負担)

おひとりさまの認知症には先まわりして準備を

介護保険サービス利用で早めに人とつながるのも手

おひとりさまの介護で残念なことは、人との接点が少ない生活を送るあいだに認知症が進行し、周りが気づいたときには判断能力がなくなっているケースです。

ひとり暮らしで介護してくれる人がいないという場合、自宅での生活が困難になると、地域包括支援センターや行政が介入して、年金収入が少ない場合でも施設入所の手配をします。認知症で判断能力がない状態になっていれば、成年後見人が付きます。後見人が付くことにより、年金が少なくても身元保証人がいなくても施設が入居を受け入れてくれるケースがあります。施設のお金が払えない状況であれば、生活保護を受ける方向で役所が動きます。要介護3以上になれば優先的に特養への入所や費用負担が優遇されます。そのため、最終的にはなんとかなるのですが、自分らしい老後を送れているのかは別の話。**地域包括支援センターへの相談や早めの要介護申請で〝つながる人〟をつくっておくことが、おひとりさまには特に重要**です。

地域包括支援センターとは

2006年から各市区町村に設置された相談支援センターで、自治体によって愛称は異なる（世田谷区：あんしんすこやかセンターなど）。

介護、医療、福祉、高齢になってからの暮らしのことで悩んだときなど、どこに相談すればよいかわからないとき、初めの一歩として相談できる相談窓口。

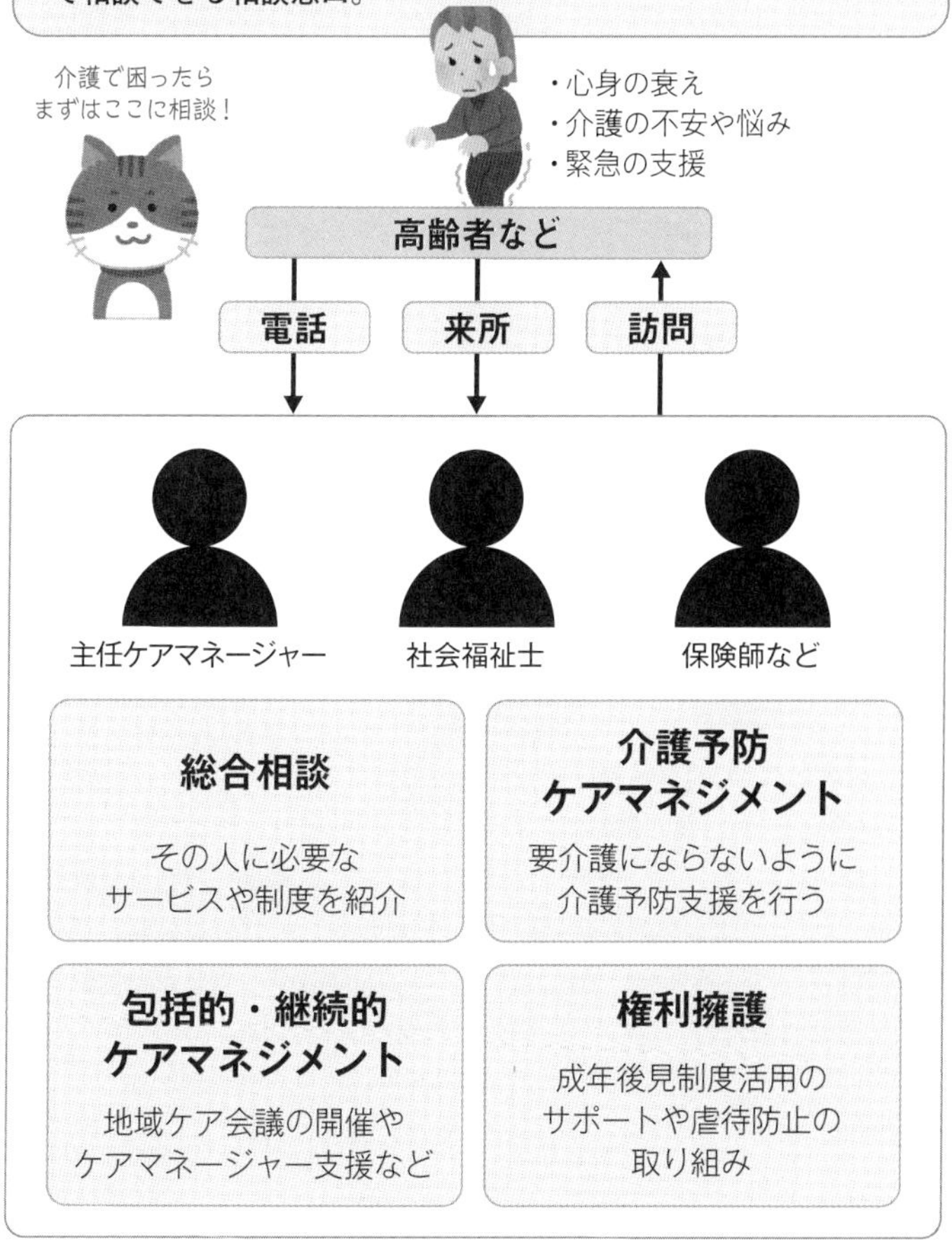

コラム2

「リバースモーゲージ」で老後資金をまかなえる？

老後資金関係の雑誌や新聞記事を読むと、「リバースモーゲージ」という言葉をよく目にします。これは、持ち家ならではの老後資金捻出の必殺技で、購入した家に住み続けたまま、家を担保に老後資金を借りられるというしくみです。

生存中は借りたお金の利息だけ支払って、自分が亡くなったときには家を金融機関（銀行）が処分して現金化して貸した額を回収するしくみが主流です。現金化したお金が余った場合は遺族に支払われるので、おひとりさまにとっては住まいの処分もしてもらえてまさに理想的に思えますね。ただ、実際のところ、おひとりさまもおひとりさまではない人も、利用者はそう多くはありません。

理由はズバリ、リバースモーゲージを利用できるほどの資産価値のある物件が少ないからです。リバースモーゲージの対象物件は、土地の価値が高い地域、つまり大都市圏など地価の高い地域にある一戸建てがほとんどという現状があります。マンションを対象にする金融機関はごくわずかで、それも大都市圏にある築浅物件限定です。制度を利用したいという人の多くは利用対象外になってしまう現状があります。

たとえ、都心の一等地にある４０００万円のマンションを30歳で買ったというケースでも、安易な期待は禁物です。というのは、ローン完済後の65歳にリバースモーゲージを利用する例では、考えてみればすでに築35年。古いですね。価値は２０００万円ほどかもしれません。

金融機関にしてみれば、平均寿命まで生きたとして現金化できるのは20年以上先のこと。となると、高い金利を設定した上で築50年以上の物件の処分価格を考えた結果、リバースモーゲージで借りられる上限額は１０００万円に満たないかも。都心の一等地のマンションということで対象物件になり利用できたとしても、結果的に大事な家が数百万円で金融機関に持っていかれるイメージに。難しい判断です。

第３章
「老後資金」を整える

そうだ、運用を始めてみよう！

先進国で日本人だけが「投資」をしていないとはいうけれど…

「先進国で株式や投資信託での運用割合がこれほど低いのは日本だけ」「これほど現金・預金の割合が大きい国はめずらしい」という話から、これからは運用で貯蓄を増やす時代だといった筋書きの話をよく見聞きします。

「そんなことを言われても、よくわからないもの（株式や投資信託）にお金を預けるのは怖い」と思う人も少なくありません。運用に失敗して大きく損をしてしまったら、と不安になるのもうなずけます。ただ、正直なところを言えば、運用しないのはもったいないことです。せっかく節税できるおトクなチャンスを逃してしまうからです。ふるさと納税や医療費控除などで毎年工夫している所得税や住民税の節税が、iDeCo（イデコ）などで運用すれば簡単にできてしまうのです。以下の章でお金の増やし方を軽く学んで**「よくわからない」を「少しわかる」ようにして、日々の暮らしにゆとり**をもたせてみませんか。

家計の金融資産構成

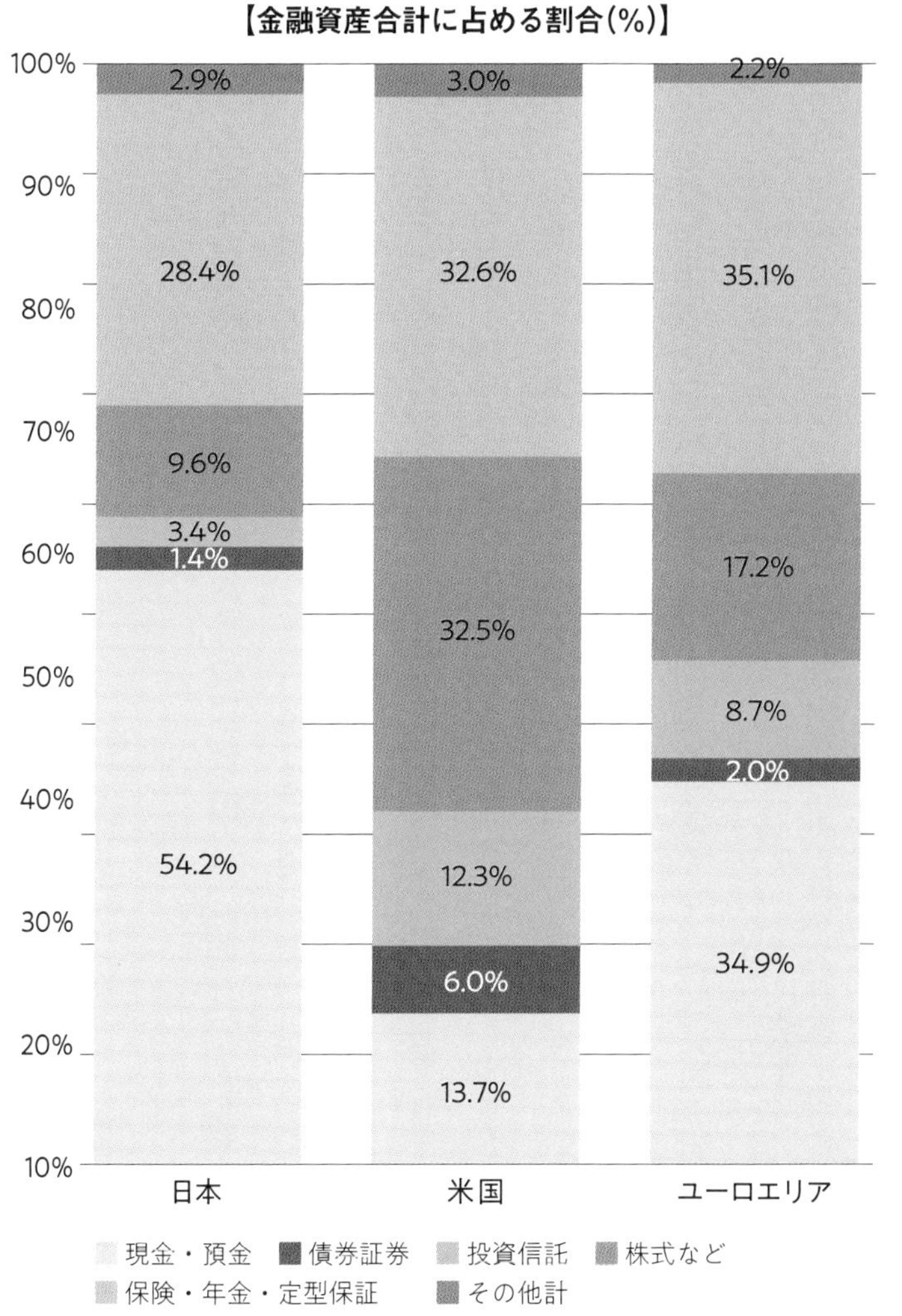

出典：日本銀行調査統計局「資金循環の日米欧比較」(2020年8月21日)
※「その他計」は、金融資産合計から「現金・預金」「債券証券」「投資信託」「株式など」「保険・年金・定型保証」を控除した残差

「お金」の増やし方の基本の「き」

月々コツコツ〝積立〟に回し慣れてきたら〝投資〟にも挑戦

お金を〝運用〟で増やしたいと思ったら、知っておきたい法則は1つ。**換金性が高いものに預けるとお金は増えにくく、換金性が低いものに預けるとお金は増えやすい**です。

たとえば、すぐに引き出せる「自動積立定期預金」「一般財形貯蓄」は預け入れてもそれほど大きく増えはしませんが、老後まで原則として引き出せないｉＤｅＣｏ（イデコ）や個人年金保険は大きく増えることを期待して利用します。

けれども、大きく増えるからと言われてそれらにドンと預けてしまうと、いざというときに困ることに。「住宅購入の頭金が足りなくなった」「旅行費用が不足」「親の介護でお金が必要」「病気やケガで入院」といった際に困ってしまった人もいます。

つまり、お金の配分バランスがとても大事です。月々の貯蓄に慣れてきたら、ｉＤｅＣｏ（イデコ）やＮＩＳＡ（ニーサ）などに少額で挑戦という姿勢がおすすめです。

これからは“運用”で増やす時代

まずは運用の軍資金づくりに……

- 自動積立定期預金（だれでも利用できる。　P88）
- 一般財形貯蓄（勤め先に制度があれば活用。　P90）
- 社内預金（勤め先に制度があれば活用。）

余裕資金ができたら“運用”にチャレンジ！

【毎月コツコツ】

- ｉＤｅＣｏ（老後資金づくり。　P96）
- つみたてＮＩＳＡ（将来の目的ある資金づくりに。　P128）
- 個人年金保険（老後資金づくりに。　P134）

など

【ボーナスなどまとまった資金で運用】

- 一般ＮＩＳＡ（新規のまとまった資金の運用に。　P126）
- 一般口座・特定口座（これまでの運用したものや、ＮＩＳＡ口座で扱っていないものの運用に）

など

換金性が低いものが多いから、
運用はあくまで“余裕資金”で
するのが鉄則！

月々貯める習慣がない人は給与振込口座に設定しよう

給料口座に「自動積立定期預金」

「お金が貯まったら運用にもチャレンジしてみたい」という声をよく耳にしますが、よくよく聞いてみると「毎月お金が残らない」という人が少なくありません。口座にお金が残ったら　それを「貯蓄」しようと思っていると、いつまでたっても貯まらないということはよくあります。

そんなときは〝攻め〟の姿勢が大事です。「収入」から先に目標の「貯蓄」分を差し引いてしまって、残ったお金で月々のやりくりをしてみては。ないならないなりになんとか工夫してやりくりできるものです。**目標額を「貯蓄」した残りは、逆に考えれば、全部自由に使ってよいお金**ということに。精神的にもラクです。

お金を貯める最も確実な方法は、貯金用の口座をつくって、毎月一定の金額をコツコツと積み立てていくことです。勤め先に財形貯蓄や社内預金といった給料天引きで貯蓄できる制度がない人は、銀行の積立預金であれば手軽に始められます。

お金を貯めるなら“先取り貯蓄”が基本

お金を貯めなきゃ、とは思うけど、毎月、手元にあるだけ使っちゃうからお金が残らない…

こういうことだね！

収入 － 支出 ＝ 貯蓄

お金が残るのを待ってると
いつまで待っても
貯まらないかも

貯めよう！っと思ったら、先に「貯蓄」した残りでやりくりするのが効率的。

収入 － 貯蓄 ＝ 支出

「自動積立定期預金」ここがポイント！

・給料の振込口座がある銀行や、よく利用する銀行があれば、窓口で申し込みＯＫ。毎月の給料日の翌日などを指定すれば、普通預金から定期預金に、設定した金額が毎月振り替えられる。
・ネット銀行では、ネット上で手続きできるうえに、大手銀行より利率が高いことが多い。
・毎月２万円ずつ、ボーナス月には20万円をプラスなど柔軟に積立額の設定可。コロナ禍で一時的に収入が減ったので積立額を減らしたり昇給して積立額を増やすなど、手軽に変更できる。
・病気やケガで急にお金が必要となり、解約する場合も元本割れしない。

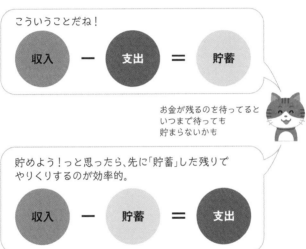

財形貯蓄制度は3種類
利子補助や奨励金がある会社も

究極の〝先取り貯蓄〟は会社員だと「財形貯蓄」ですね。まさに給与が振り込まれる前に差し引かれるため、知らない間に着々と貯まります。種類は3つあり、何に使ってもよい「一般財形貯蓄」と、住宅取得やリフォーム資金を貯める目的の「財形住宅貯蓄」、そして、老後資金づくりが目的の「財形年金貯蓄」があります。

目的の定められたものには引き出しに細かな適格要件があり、財形住宅貯蓄は、たとえば狭いコンパクトマンションの購入では適格対象とならないことも。適格外の引き出しとなると、5年分まで遡《さかのぼ》って利子非課税の特典は受けられなくなります。

ただ、財形住宅を始めたときはそんな要件にひっかかるとは思いもしないため、適格外の引き出しはよくあります。**一般財形貯蓄で全期間に渡って利子課税されるよりも、5年以上積み立てるなら財形住宅貯蓄の適格外の払い出しで5年間だけ利子課税が遡及されるほうが手取りは大きい**ことは、運用上級者はよく知っています。

勤め先で利用したい「財形貯蓄」制度とは

使途に定めのない
一般財形貯蓄

マイホーム取得や
リフォーム資金を
貯める目的の
財形住宅貯蓄

老後資金づくりを
目的とした
財形年金貯蓄

勤め先によっては奨励金や
利子補助を実施しているところも。
勤め先に確認を！

【財形住宅貯蓄を引き出す際の適格要件】

- その建物に契約者本人が住むこと
- 床面積が 50 ㎡以上
- 中古住宅の場合は築 20 年以内のもの、かつ一定の耐震基準を満たすこと
- リフォームの場合は、工事後に住宅の床面積が 50 ㎡以上になること、かつ工事費用が総額 75 万円を超えること

財形貯蓄は取扱商品を要チェック

財形住宅貯蓄と財形年金貯蓄は今は「保険型」より「貯蓄型」

「財形住宅貯蓄」「財形年金貯蓄」という目的にしぼった財形貯蓄について掘り下げると、合わせて550万円まで非課税という恩恵は、勤め先が銀行などの財形商品（貯蓄型）を利用しているか、保険会社の商品（保険型）を利用しているかどうかで微妙に異なります。

たとえば、保険型だった場合、財形年金貯蓄は払込保険料ベースで385万円までというしばりがあります。これは、バブルのころなどは385万円の保険料に対し165万円を超える利子が付いたためです。逆に言えば、今は低利回りなので、貯蓄型を選んだほうが有利です。

財形貯蓄の一番有利な利用方法を挙げるとすれば、財形住宅貯蓄で住宅取得時の頭金を貯めて払い出した後に、財形年金貯蓄をすることです。そうすれば、非課税枠を結局2回使うことができます。

知っておきたい「財形貯蓄」の魅力

【3つの財形貯蓄の要件】

		一般財形貯蓄	財形住宅貯蓄	財形年金貯蓄
利用目的		自由	住宅購入・リフォーム	60歳以上で受け取る年金
積立開始年齢		制限なし	54歳まで	54歳まで
利用目的		3年以上	5年以上	5年以上
貯蓄型	取扱金融機関	銀行など		
	非課税枠	なし	財形住宅貯蓄と財形年金貯蓄を合わせて元金＋利息の合計で550万円まで	
保険型	取扱金融機関	生命保険会社・損害保険会社など		
	非課税枠	なし	財形年金貯蓄と合わせて払込保険料の累計金額で550万円まで	払込保険料の累計金額で385万円まで、かつ、財形住宅貯蓄と合わせて払込保険料の累計金額で550万円まで
払出し		いつでも可能	【適格払出し】 非課税 【要件外払出し】 解約利子が課税され、非課税で支払われた利子に5年遡ぼって課税	受取開始年齢：60歳 ※受け取る年金は非課税

勤め先がどのタイプを導入してるか知ってる？

勤め先によって採用している「財形貯蓄制度」に差があるよ。

選べるほどたくさんの種類を導入しているところもあれば、1つだけというところも。要確認！

住宅購入予定者はまずは財形貯蓄を

3種類の財形貯蓄のどれでも財形持家融資を利用できる

財形貯蓄（一般財形貯蓄・財形住宅貯蓄・財形年金貯蓄）をしている人が住宅購入やリフォームの際に利用できるのが、財形持家融資です。**5年ごとに金利を見直す固定金利制で、申し込んだ時点の金利で借りられる点が魅力**です。

勤務先に負担軽減措置がある場合は、マイホームの取得から5年以上に渡り、住宅手当や住宅ローン金利の支払いの援助を勤務先から受けられることも。また、常用労働者数が300人以下の会社に勤めている人が財形持家融資を申し込む場合には、当初5年間の貸付金利を0・2％引き下げる特例が継続中です（現在のところ2021年3月まで再延長中）。

民間企業の場合は、勤務先の導入形態によって3つの申込窓口（財形持家転貸融資・住宅金融支援機構・財形住宅金融㈱）があるため、申込先や融資条件の詳細などを、勤務先に早めに確認しておきましょう。

「財形持家融資」なら契約時の金利で借りられる

【「財形持家融資」で借りられる金額は……】

・貯蓄残高の10倍以内で4000万円まで
・5年固定金利制
・購入する物件ごとに要件あり
　新築物件の購入の場合、一戸建て：70㎡以上、
　マンション：40㎡以上

【利用できる人は……】

持家(新築・中古)取得資金のための融資。
・一般財形貯蓄、財形年金貯蓄、財形住宅貯蓄のうち、1つでも1年以上継続している人が
・申込日前2年以内に財形貯蓄の預入れをしていて、
・申込日における財形貯蓄残高が50万円以上ある
などの要件を満たした場合に利用できる

【銀行の住宅ローンに比べてのメリットは･･･】

・融資手数料がかからない
(銀行ローンでは融資事務手数料をとられることが多い)
・申込時の金利が適用される

銀行ローンや「フラット35」は、物件引き渡し時の金利が適用される。
建設中の新築マンションを購入すると引き渡しは1年半後といったケースが多いから、これからの金利上昇が気になるところだけど、財形持家融資なら申込時の金利で確定できて安心！

iDeCoへの注目度が最近高いワケ

自分年金づくりの王道として対象者が増えたことも一因

今「老後資金づくり」がホットです。少し前に〝老後2000万円問題〟が騒がれたからです。65歳から年金を受け取っても、その当時の総務省の平均データによると月々5万円ほど生活費が不足して、95歳時点ではなんと2000万円くらいの赤字になるという試算がありましたね（P18）。

自分でしっかり老後資金づくりをしなければまずいかも……ということで、**今は「何で老後資金をつくる？」「イデコでしょ！」という流れ**になっています。

iDeCo（イデコ）とは、「個人型確定拠出年金」の愛称です。個人型確定拠出年金（Individual-type Defined Contribution pension plan）のつづりを元に「DC」と「i（私）」を強調した形で名付けられました。

月々が基本ですが年単位での積み立ても認められるようになったり、利用できる対象者を増やすなどの改定を経て、今後は積立期間の延長なども予定されています。

最近やたらと「ｉDeCo」を耳にする不思議

1

最近よく「ｉDeCo（イデコ）」って耳にするけどなんでかな

それはね、２０２１年でちょうど20周年にもなるし、盛り上げようとしてることもあるよ

2

え？　もうそんなになる制度なの？

あらまぁ！

「個人型確定拠出年金」っていうのが正式名称なんだけど、なかなか知名度が上がらなくて

3

とてもいい制度だからもっと普及させたいよねって話になって、愛称をつける案が浮上して

最近、よく耳にするよね

2016年に公募で決まったのが「ｉDeCo（イデコ）」って名前なんだ。

4

以前は利用者が制限されていたけど、2017年から、20歳以上60歳未満のほとんどの人がｉDeCoの対象者として加入できるようになったから、より身近になったこともあるよね

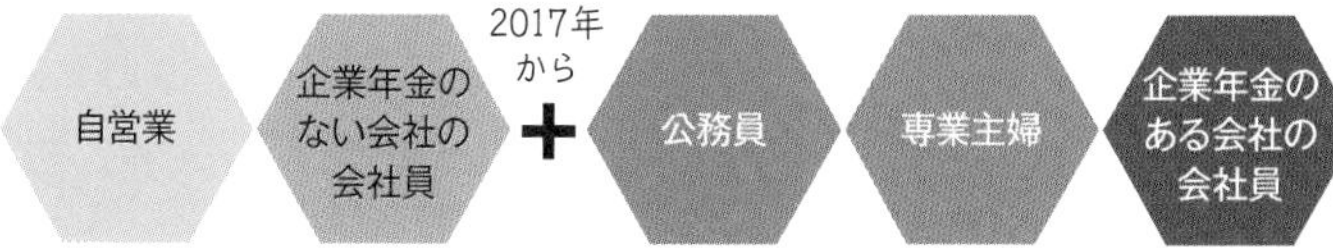

「運用益が非課税」になる効果とは

運用した結果の利益が次の運用の元手となって増える

借金の話で「ほうっておいたら雪だるま式に膨《ふく》らんだ」といった表現を聞いたことがありませんか。あれは、もともと借りていた金額に利息がプラスされてまた利息がかかり、借金の総額がどんどん増えていくことをたとえたものですね。

逆に、お金が増えるときは、増えた元手をもとに運用していくわけなので、プラスされるお金が多いほど雪だるま式にお金が増える方向に働きます。

ところで、税金の負担は、思ったより大きいものです。たとえば、「運用で10万円の利益が出た！」という場合、通常であれば約2万円の税金が差し引かれて、手にできる利益は約8万円です。これが、iDeCoやNISA、ジュニアNISA、つみたてNISAなど〝運用で得た利益は非課税〟となる「器」を使って株や債券、投資信託などを運用した場合には、利益10万円をまるまる得られます。

所定の**運用期間中ずっとなので、利益非課税の効果はあなどれません。**

i DeCo のしくみ

【i DeCo のしくみ(概要)】

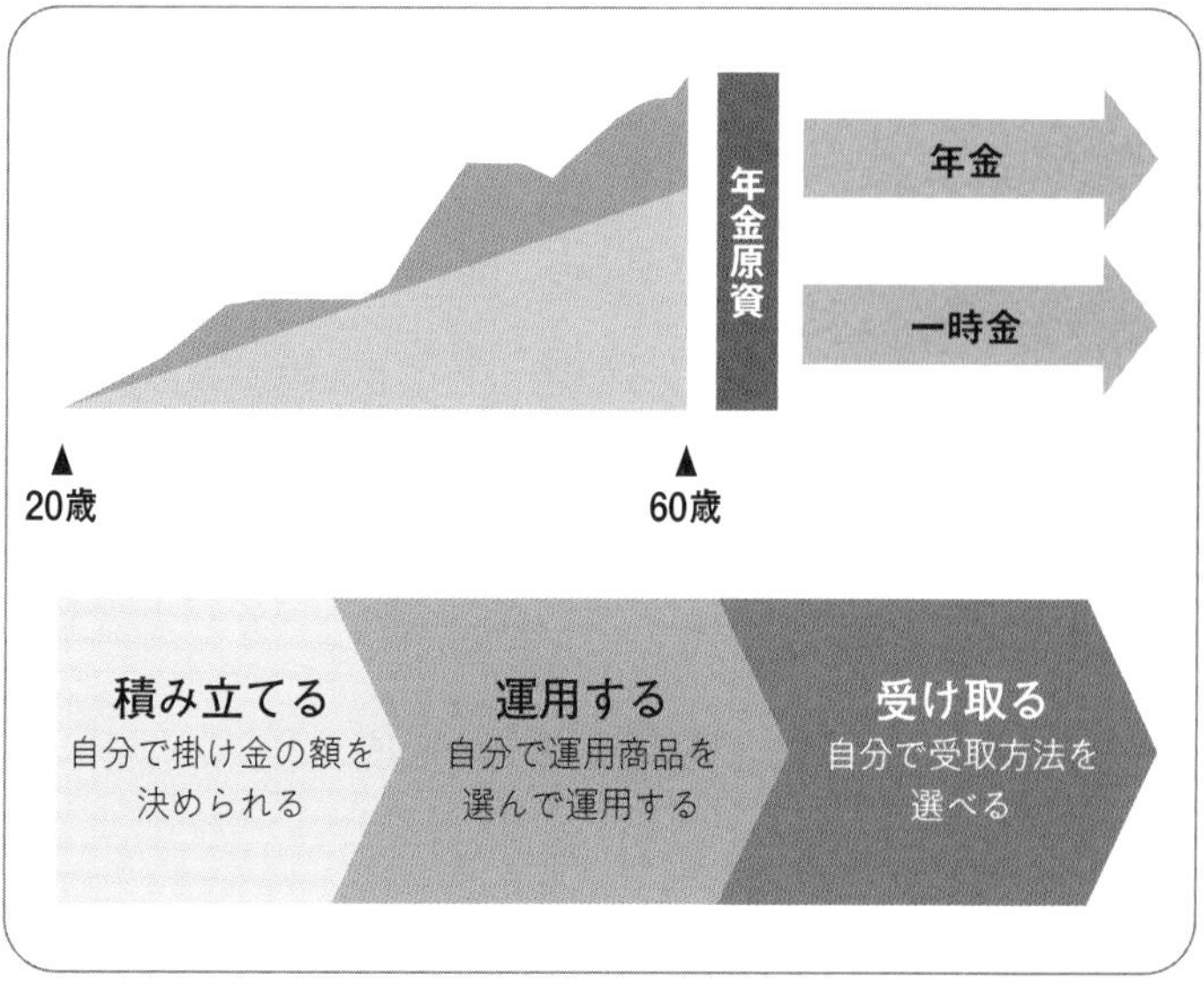
年金原資
年金
一時金
20歳
60歳
積み立てる
自分で掛け金の額を決められる
運用する
自分で運用商品を選んで運用する
受け取る
自分で受取方法を選べる

【「運用で得た利益は非課税！」ってどういうこと？】

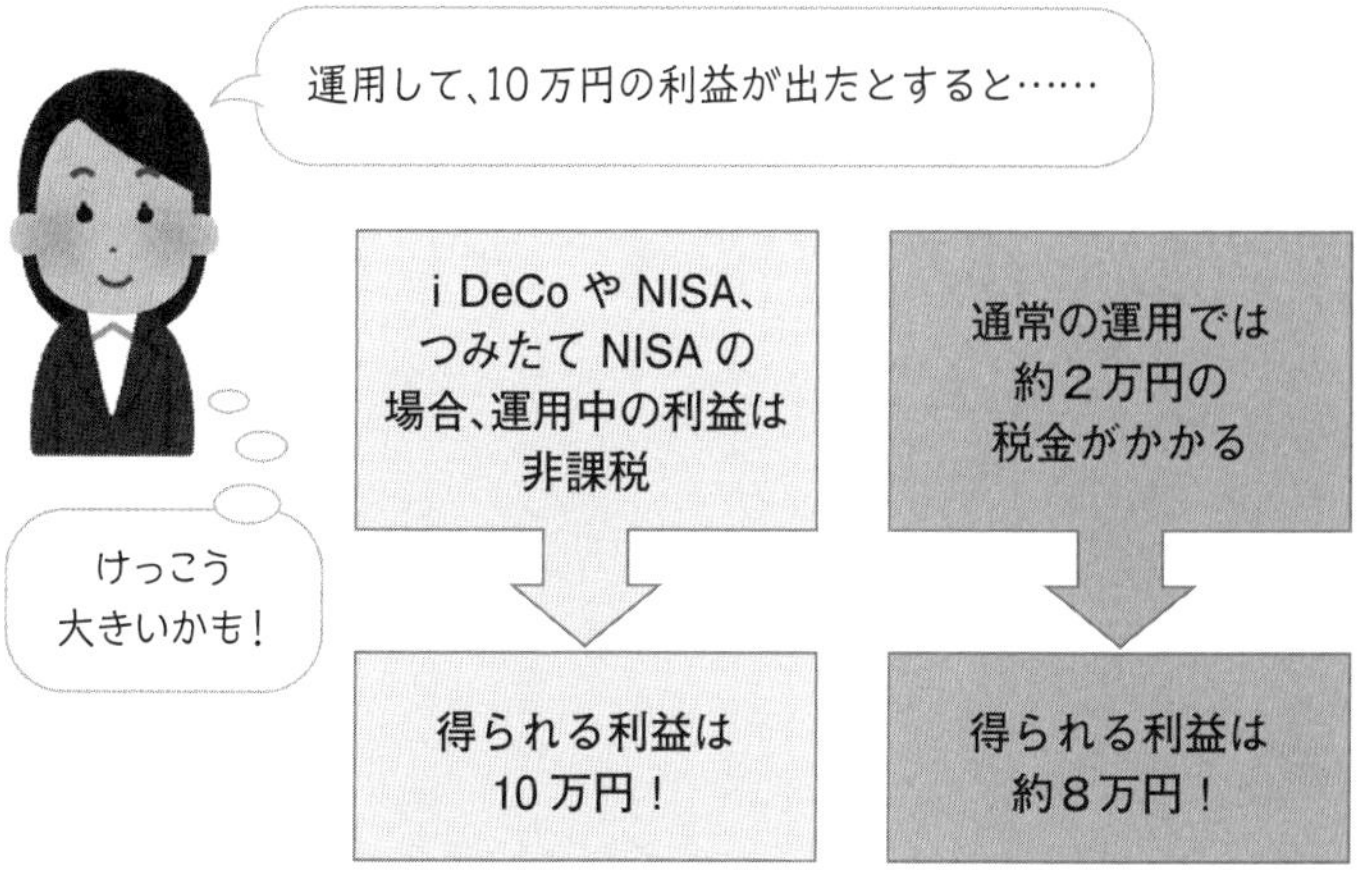
運用して、10 万円の利益が出たとすると……
i DeCo や NISA、つみたて NISA の場合、運用中の利益は非課税
得られる利益は10 万円！
通常の運用では約２万円の税金がかかる
得られる利益は約８万円！
けっこう大きいかも！

天引きされる税金が減って給与は同じでも手取りが増える

運用と聞くとなんだかとても難しそうですが、所得税と住民税を減らせる点もiDeCoの大きな魅力です。所得税は、課税所得（会社員で言えば、収入から給与所得控除を差し引いた額）に所得税率をかけて算出しますが、**iDeCoの掛金は、なんと全額を〝所得控除〟として課税所得の額から差し引ける**のです。たくさんの〝所得控除〟を計上できるほど、所得税を、そして住民税を減らせる効果があるのです。

ほかの〝所得控除〟といえば、生命保険料控除や地震保険料控除などが思い浮かびますが、なんといってもカウントされる金額が全然違います。

月々1万2000円の生命保険に入っていても、その年の生命保険料控除としてカウントされる額は4万円（最大額）で、年収600万円の人の例では減税額は8000円です。これが、iDeCoの掛金が月々1万2000円という場合は2・88万円もの減税に。効果絶大です。

「iDeCo」で暮らしにゆとりを

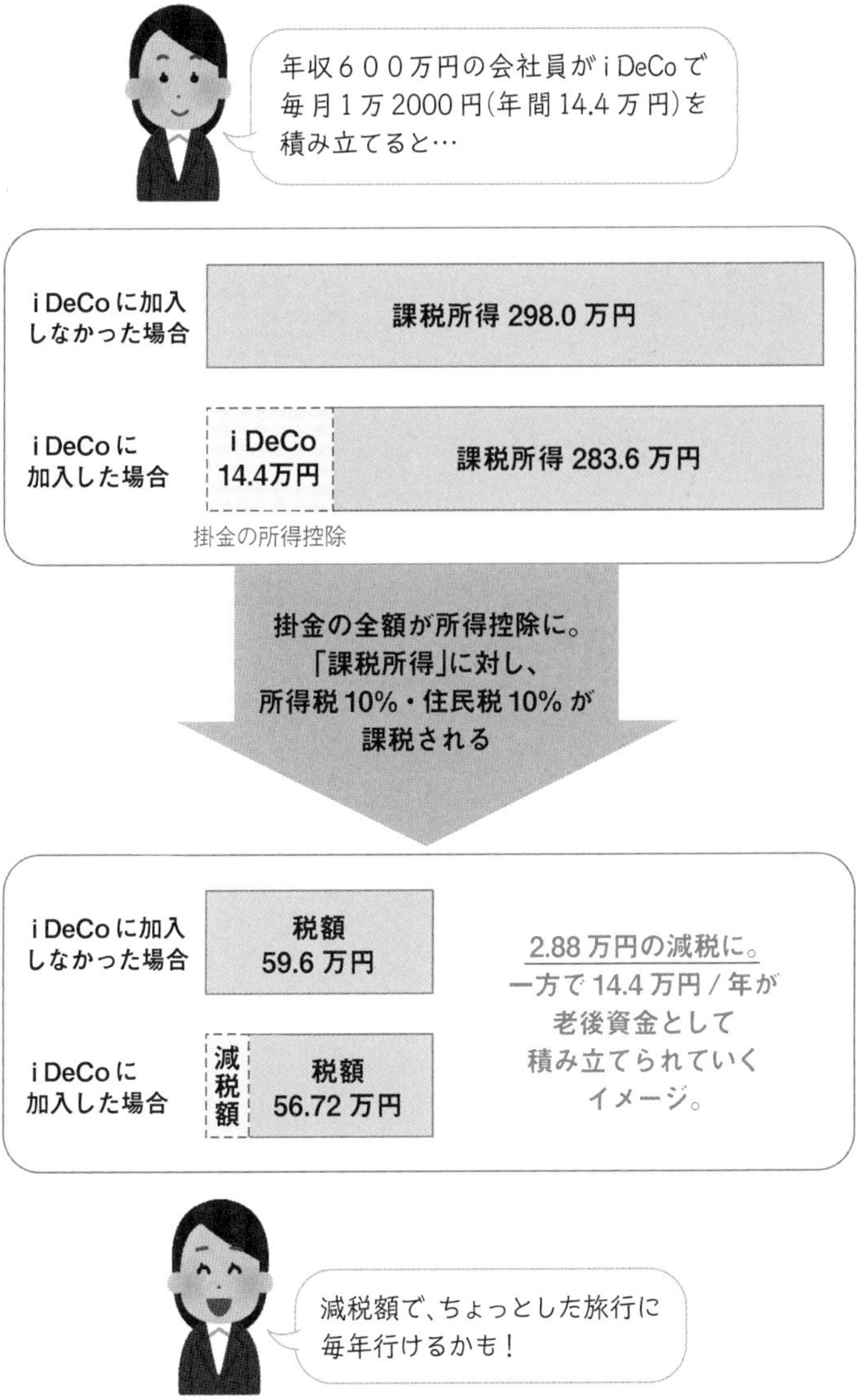
年収６００万円の会社員がiDeCoで
毎月1万2000円(年間14.4万円)を
積み立てると…
iDeCoに加入
しなかった場合
課税所得 298.0 万円
iDeCoに
加入した場合
iDeCo
14.4万円
課税所得 283.6 万円
掛金の所得控除
掛金の全額が所得控除に。
「課税所得」に対し、
所得税10%・住民税10%が
課税される
iDeCoに加入
しなかった場合
税額
59.6 万円
iDeCoに
加入した場合
減税額
税額
56.72 万円
2.88万円の減税に。
一方で14.4万円/年が
老後資金として
積み立てられていく
イメージ。
減税額で、ちょっとした旅行に
毎年行けるかも！

iDeCoのデメリットや留意点は？

デメリットとメリット、どちらも確認することが大事

「iDeCoはよいことずくめ！」と言い切る人もいるくらいですが、ここでは敢えてiDeCoのデメリット・留意点を挙げてみます。

身近な銀行預金と比べると、すぐには引き出せず（デメリット・留意点①）、運用リスクは加入者自身が負い（③）、手数料がすべて自己負担になる（④）など、マイナス面の多さが気になります。けれども、たとえば銀行預金の例でいえば、銀行が私達の預金をまとめて投資信託や株式などで運用して儲けた利益は、利子のほか、すべて銀行の懐に入ってしまいますが、iDeCoなら運用で得た儲けのすべてを自分が手にできます。

そのためにかかるコストは自己負担になり（④）、どこまで増やせるかは自分の腕しだいというわけです。**運用に自信がない人も所得税・住民税の節税メリットは確実に享受できるので、気軽にムリなく始めてみるのがおすすめ**です。

知っておきたい iDeCo のデメリット・留意点7

① 原則60歳まで引き出すことができない	無理のない額で積み立てるのが鉄則！引き出せないからこそ、知らないうちに貯まってる
② 老後に受け取る年金額が確定しない	そう聞くと、運用に失敗して「減る」ことばかり考えちゃいそうだけど、iDeCo対象の投資信託は実は、政府の〝お墨付き〟。
③ 運用リスクは加入者自身が負う	リスクが低めで「増える」可能性が高い投資信託の中から自分で選ぶという形になっているよ！
④ 手数料がすべて自己負担となる	逆に言えば利用する金融機関も、商品（投資信託）も、すべて自分で自由に選べるよ！
⑤ 自分で金融機関を選んで手続きする必要がある	迷ったら、口座管理手数料の安い金融機関を選んで、手数料負担の軽い（無料）投資信託をセレクトすれば、間違いなし！
⑥ 投資に関する知識がある程度必要	それぞれの金融機関は「相談ダイヤル」を用意しているので、迷ったら気軽に尋ねられるよ！
⑦ 受けとるときに課税されることがある	電話なら顔も見えないし、何度でも気兼ねなく、質問できるからじゃんじゃん利用しちゃおう！

iDeCoの口座開設までの流れ

ネットでざっくり調べて資料請求して申し込むと合理的

iDeCoは、身近な金融機関に出向いて座っているときに案内をもらったり、運用報告書などを受けとった際に同封されていたりなど、さまざまなアプローチ方法があります。真剣に、口座管理手数料や商品ラインアップを知りたいと思ったら、**インターネットで「iDeCo　ランキング」「iDeCo　おすすめ」などで検索するのが便利**です。どこにしようかと同じように悩んでいる人がたくさんいるので、さまざまな比較サイトが登場しています。

たとえば、「J-REIT（上場不動産投資信託）がしたい」という希望があるなら、商品ラインアップを見てしぼりこんで、まずは資料請求してみましょう。

とり寄せた資料を見比べて、わからないことがあったときのサポート体制（電話で24時間365日体制など）や、運用シミュレーションの有無、積立金の受取方法などを確認して、自分に合うところを選んでから、口座開設するとよいでしょう。

「i DeCo」の始め方

STEP1

口座開設する「金融機関」を選ぶ

口座管理手数料や商品ラインナップなどを比較し、自分に合う金融機関を選ぶ。その金融機関の公式サイトで資料請求してみよう。

ネットでざっくり
情報収集すると、
しぼりこみやすいよ

STEP2

どの金融商品でいくら積み立てるかを決める

自分が積み立てをする金融商品と積立額(毎月5000円以上1000円単位でなど)を決める。上限額は職業などによって異なるため、勤務先の総務などに確認がおすすめ。

STEP3

i DeCoの申込書に記入して郵送する

申込書類に掛金や金融商品などの必要事項を記入し、郵送する。金融機関側で加入資格などの確認が行われ、手続きが完了すると通知書が送られてくる。

STEP4

運用をスタート！

毎月の掛金の配分を変更したい場合などは、Webサイトから簡単にできるところが多い。運用状況などをチェックしていろいろやってみよう。

iDeCoはどこでも同じ？

金融機関で手数料や商品ラインナップに差がある

iDeCoを始めたいと思ったら、まずは、金融機関を選んで口座開設を。ここで迷うのは、「どこでやればオトクか」という点です。いつも利用している金融機関がよいとは限りません。たとえば、口座管理手数料は各金融機関で自由に決めているので、タダのところもあれば、月額500円を超えるところも。仮に年間で5000円の差があるとすれば、20年間で10万円も利益に差が生じることになります。「なるほどこれなら口座管理手数料がかかってもしょうがないなぁ」と思えるような商品ラインアップや付帯サービスが付いていて納得感があればOKなのですが「よく調べないで選んだ身近な金融機関で高い口座管理手数料がかかった」という人が多いのも事実。**最初にしっかり比較検討して吟味することが大事**です。

業界ごとでも特徴があり、また、同じ業界でも商品ラインナップも商品数も、口座管理手数料も、サポート体制も差があります。

「iDeCo」はどこで口座開設できる？

いろんな金融機関で口座開設できるよ。

ただし、すべての金融機関で取り扱っているとは限らないし、それぞれの金融機関で商品ラインナップや口座管理手数料が違ってるよ。


比べて選ばないと、もったいない！

【主な取扱金融機関など】

証券会社

運用商品を扱う専門だけあって、商品ラインナップが充実。手数料の安さと商品ラインナップ数が魅力的なネット証券と、シミュレーションソフトなどやコールセンター対応が充実した大手証券会社など、さまざま。

銀行

身近な窓口で説明を受けられる。申し込みや問い合わせは、コールセンターやWebでの対応となる。メガバンクをはじめ、地方銀行でも口座管理手数料引き下げの動きが活発。

保険会社

年金や生命保険の長期運用を長く手がけてきた点を生かした実力派の投資信託が豊富。国内外の株式・債券・REITのバランス型など。健康・医療・介護に関する無料電話相談など、保険会社ならではのサービスの提供も。

郵便局

対面や電話などで相談しやすい(投資信託を取り扱っている郵便局の窓口でも相談可)。

電話相談も平日だけでなく、土日・祝(年末年始を除く)も行なっている。

iDeCoの上限額を知ろう

勤め先の老後の給付の充実度で iDeCoを使える額に差あり

iDeCoはお得な制度だからこそ、限度額が設けられています。サラリーマンなら月額1・2万～2・3万円（企業年金等によって異なる）、公務員なら1・2万円、専業主婦なら2・3万円、自営業者なら6・8万円（ただし、国民年金基金との合算枠）といった具合です。

サラリーマンは勤め先に確定給付型年金があったり、企業型確定拠出年金があるなど、すでに充実していますので、その分を加味して、少額での利用となります。一方、自営業者の掛金の上限額は高額に見えますが、会社員や公務員なら当然にある厚生年金保険からの給付もなく、会社員のような企業年金の上乗せもありません。

自分で年金を増やすための制度としてもともと用意されていた国民年金基金という制度の上限月額6・8万円の範囲内でのiDeCo利用となるので、新規投資枠が増えたわけではありません。意外と恩恵を受けたのは専業主婦かもしれません。

いくらまで「i DeCo」を使えるかをまずチェック！

【老後の年金イメージ】

	自営業 無職等	民間企業サラリーマン[※2] パターンA	 パターンB	 パターンC	公務員	専業 主婦
国民年金 （老齢基礎年金）	◎	◎	◎	◎	◎	◎
厚生年金保険 （老齢厚生年金）		◎	◎	◎	◎	
企業型DC （確定拠出年金）			◎	◎		
確定給付型年金[※1]				◎		
年金払い 退職給付					◎	
i DeCo （個人型確定拠出年金）	○	○	○	○	○	○

【i DeCoの拠出上限額】

i DeCoの拠出上限額 （1ヵ月当たり）	6.8 万円	2.3 万円	2.0 万円	1.2 万円	1.2 万円	2.3 万円
i DeCoの拠出上限額 （年額）	81.6 万円 （国民年金基金との合算枠）	27.6 万円	24.0 万円	14.4 万円	14.4 万円	27.6 万円

※1　確定給付型年金：厚生年金基金・確定給付企業年金・私学共済など
※2　他の企業年金によって拠出上限額は異なる。確定給付企業年金がある場合は1.2万円/月、企業型確定拠出のみの場合は2.0万円/月。企業型確定拠出年金と同時加入するには企業型の拠出上限を下げる労使合意が必要だったが、2022年10月から不要になる。

コストを意識した運用姿勢がおすすめ

iDeCoでの運用スタート

iDeCoに加入する際には、iDeCoを取り扱う金融機関（運営管理機関）を1社選んで口座開設しますが、その際に口座開設手数料がかかります（金融機関によって異なる。2777円など）。iDeCoの制度の実施者である国民年金基金連合会には毎月167円（税込）がかかるので、年間で2004円（税込）の手数料を負担する計算です。

これは、iDeCoというしくみを使う場合には必ずかかる固定費です。つまり、積立額が少額ではこの固定費が占める割合が大きくなり、増やす際の足かせになります。できれば限度額いっぱいでの利用がおすすめです。

また、前述の例で言えば、少なくとも年間2004円を超える利益を出さなければ、手数料負担を加味すると元本割れしてしまうかも。**元本確保型より積極的な資産配分を試みたほうが、運用益非課税のメリットが大きくなりそうです。**

「iDeCo」に関わる会社・団体

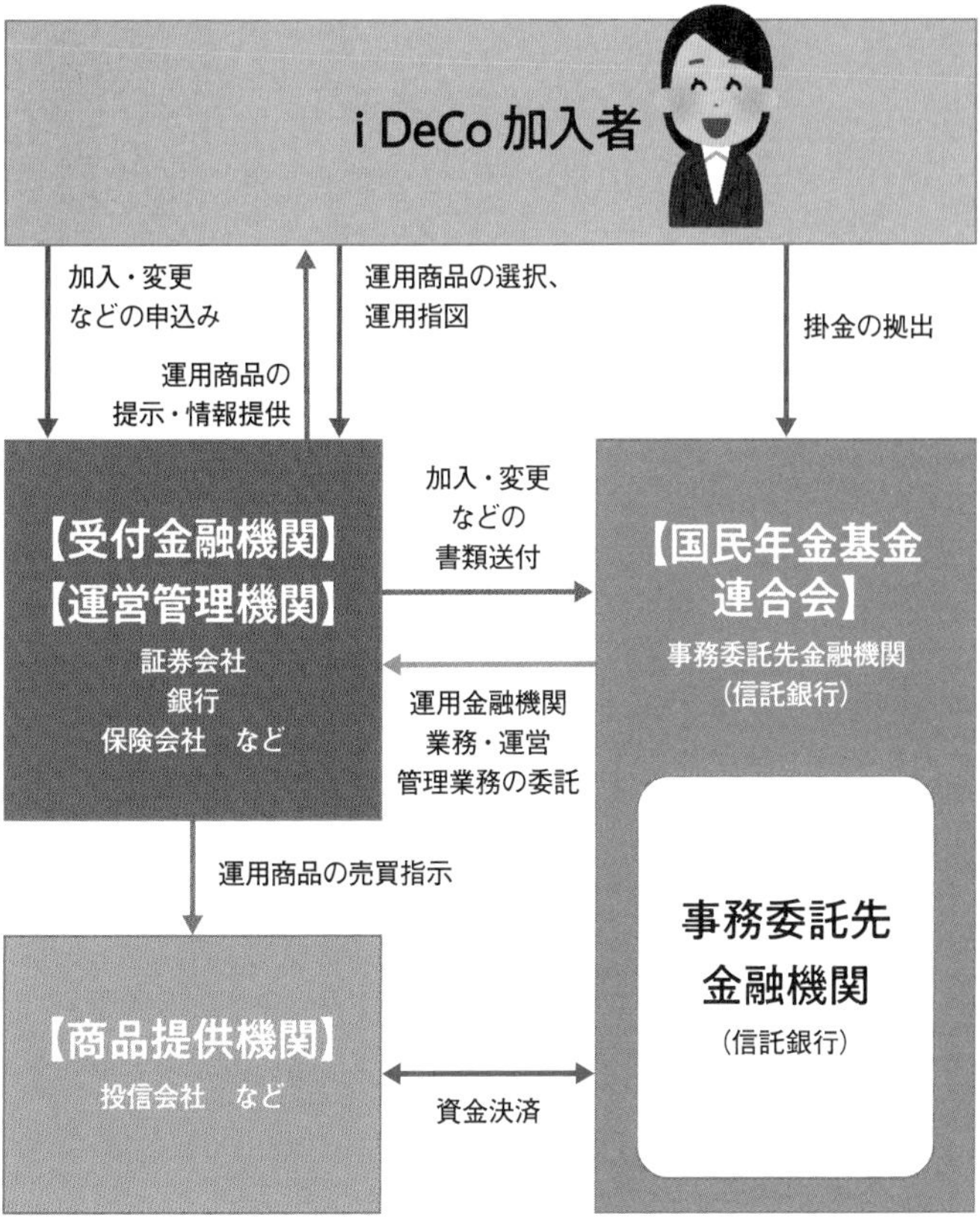

積極的な資産配分で、債券よりも株式、国内よりも先進国や新興国など海外への投資割合を増やしていきたいけど、投資信託自体にもコスト(信託報酬)がかかることをふまえると、信託報酬の安い「インデックス型の投資信託」を選ぶのが合理的ということに。

運用商品を変えたくなったら

今後の掛金の配分を変更したり
これまでの残高を変更できる

iDeCoを運用していて「やっぱりこっちの商品（投資信託）にしようかな」と思ったら、方法は2つ。これから積み立てていく商品の種類や配分を変更する「配分変更」という方法と、これまで貯まった残高の商品の種類や配分を変更（解約・売却）する「スイッチング」という方法があります。どちらか一方でも、両方変更することもできます。配分変更にも、スイッチング自体にも手数料はかかりません。

ただし、スイッチングをする場合は、これまで積み立ててきた残高の配分を変更するため、残高部分の投資信託を売ったり新たな投資信託を買うことになります。一部の信託財産留保額（売却時手数料）が設定されている投資信託を売る際には、売却金額から手数料が差し引かれますし、売却・購入にそれぞれ数日かかります。

それでも、今、値上がりして損益がプラスになっている投資信託の利益相当分を売って元本確保型商品を購入するといった形で利益を確保する人もいます。

i DeCo は始めたあとの〝お手入れ〟も大事

【配分変更】

毎月の掛金　10,000 円

A商品（50%）5000 円
B商品（30%）3000 円
C商品（20%）2000 円

配分変更

この投資信託、
いい成績出してる！

来月から掛金の
配分を変えようかな

毎月の掛金　10,000 円

毎月の拠出日前なら、何度でも変更可能。
配分変更の手数料も無料。

A商品（50%）5000 円
B商品（10%）1000 円
C商品（10%）1000 円
D 商品（30%）3,000 円

【スイッチング】

残高　1,100,000 円

A商品 500,000 円
B商品 300,000 円
C商品 300,000 円

スイッチング

60 歳まで引き出せないから、今後、下がっちゃうかもしれないし…。トクした分を元本確保型に移し替えて、利益確定しちゃおうっと！

残高　1,100,000 円

全体の資産残高は変わらない。売却時に
手数料がかかる投資信託もある。

A商品 500,000 円
B商品 300,000 円
C商品 200,000 円
E商品 100,000 円

思いたったときがiDeCoの始めどき

タイムリミットがある制度
早く始めるほどオトク

何事を始めるにしても〝遅すぎる〟ということはありません。iDeCoもそうです。「もう50歳だから」と後ろ向きになるのではなく、思いたったら始めてみるのがおすすめです。

iDeCoはおトクな制度ですが、60歳までというタイムリミット付き。60歳代も働く気満々なら、なおのこと、少しでも早く始めたほうが断然おトク。身近な銀行（都市銀行、ネット銀行、地方銀行など）、郵便局のほか、証券会社や中央労働金庫、JAバンク、信用金庫、生命保険会社、損害保険会社など数多くの金融機関で扱っていますので、軽く説明を聞きに行ってみてはいかがでしょうか。

手数料や運用商品のラインアップは各金融機関でさまざまです。途中で金融機関を変更するのは難しいので、くれぐれも即断はしないように。いったん持ち帰って、扱っている金融商品の種類や数を見比べて、自分に合う金融機関を選びましょう。

「i DeCo」は50歳から始めても大丈夫？

- i DeCoで積み立てたお金は、原則として60歳から給付請求ができる（今後アップの予定）
- 60歳時点で通算加入者等期間が10年に満たない場合、段階的に最高65歳まで受け取りを開始できる年齢が遅くなる（右表）

通算加入者等期間	受給開始年齢
10年以上	満60歳
8年以上10年未満	満61歳
6年以上8年未満	満62歳
4年以上6年未満	満63歳
2年以上4年未満	満64歳
1ヵ月以上2年未満	満65歳

・通算加入者等期間は、個人型年金および企業型年金における加入者・運用指図者期間を合算した期間
・70歳※になっても請求しない場合は、全額一時金として支給される。

※2022年4月から75歳まで受取開始を遅らせることが可能になる。

i DeCoは「自分年金」をつくる国の制度。

国の年金だけでは老後の生活をまかなうのは難しいので、自分でがんばって備えてください！という方針転換に伴ってつくられた、税制優遇いっぱいの老後資金づくりのために国が用意した制度だよ。

利用した人だけがトクをしているので使わないと損かも。

不用意に65歳から「年金」で受け取ると課税の可能性も

iDeCoで積み上げたお金の受けとりかたは3種類。「年金」「一時金」「年金と一時金の組み合わせ」から選べます。ただし、**受取方法によっては税金がかかる場合がある点に要注意**です。

「年金」で受けとる場合は、ほかの公的年金等（国民年金、厚生年金保険、企業年金など）と合算して、公的年金等控除を差し引いたあとの残額が所得となり、これに対して総合課税により課税されるしくみです。公的年金等控除は、65歳未満の場合は最低60万円、65歳以上の場合は最低110万円なので、これを超えると課税される所得が生じることに（公的年金等の雑所得以外の合計所得金額1000万円以下の場合）。そのため、他の公的年金等の受取額が比較的多い人や、総合課税のため、その他に不動産所得など他の所得がある場合は、かなり高い税率になってしまう可能性大。P119の「一時金」もからめた受取方法を検討するのが賢明です。

iDeCoは「年金」と「一時金」どっちがおトク？

【受取方は3種類】

年金 で受け取る	**一時金** で受け取る	**年金＆一時金** で受け取る

【「年金」で受け取るときは「公的年金等控除」が使える！】

受取時の合計所得が1000万円以下の場合（2020年分以降）

年齢	公的年金等の収入額	公的年金等に係る雑所得
65歳未満	～60万円未満	0円
	60万円以上～130万円未満	収入－60万円
	130万円以上～410万円未満	収入×0.75－27.5万円
	410万円以上～770万円未満	収入×0.85－68.5万円
	770万円以上～1000万円未満	収入×0.95－145.5万円
	1000万円以上	収入－195.5万円
65歳以上	～110万円未満	0円
	110万円以上～330万円未満	収入－110万円
	330万円以上～410万円未満	収入×0.75－27.5万円
	410万円以上～770万円未満	収入×0.85－68.5万円
	770万円以上～1000万円未満	収入×0.95－145.5万円
	1000万円以上	収入－195.5万円

65歳未満でほかに受け取る年金がない人は、iDeCoを「年金」で受け取った場合、公的年金等控除額60万円＋基礎控除48万円＝108万円以内であれば、無税で受け取れる計算に！

ちなみに「年金」を受け取るごとに４４０円の手数料がかかる

iDeCoの受取方法は慎重に判断②

シミュレーションをして オトクな受取方を探そう

iDeCoは、運用時の利益も非課税で受取時も優遇されていますが、何といっても一時金で受け取る際の「退職所得控除」がパワフルです。**受取時期が視野に入る時期になれば、退職金の額を調べて、退職所得控除を計算してみるのがおすすめ**です（P121）。退職所得控除で、退職金とiDeCoの両方をカバーできそうなら、同じタイミングで受け取るのもOK！

幸運にも潤沢な退職金をもらえて、退職金だけで退職所得控除を使い切ってしまいそうなら、退職金とiDeCoの受け取りタイミングをずらすのも手です。ただし、その場合は5年あけるなどの工夫も必要に。「一時金」と「年金」の両方の方法で受け取る手もあります。税制は時代の変化によって変わっていきますので、受取時には制度が変わっている可能性もあります。各社でシミュレーションを用意していますので、その時点でよりメリットの高い受取方を選びましょう。

i DeCo は〝出口〟をどうするかも大事

i DeCo の一時金と、退職金を同じ年に受け取る場合

同じ年の受け取りの場合は、両方を合算して収入金額とします。年数が重複している期間については、重複してはカウントできません。

勤務期間　40～60歳(20年間)

i DeCoの加入期間　50～60歳(10年間)

「勤続年数」は20年間で計算

i DeCo の一時金を退職金のあとに受け取る場合

前年以前14年以内に受け取ったほかの退職金(i DeCoも含む)を計算したときの「勤続年数」を除いて計算します。

勤務期間　40～60歳(20年間)　★(60歳で退職金受け取り)

i DeCoの加入期間　40～60歳(20年間)　★(65歳でi DeCoを一時金受け取り)

退職金の「勤続年数」

i DeCoの「勤続年数」はゼロで計算することに……

i DeCo の一時金を退職金の前に受け取る場合

退職所得控除はとても優遇された制度のため、前年以前4年以内に受け取ったほかの退職金(i DeCoも含む)を計算したときの「勤続年数」を除いて計算します。

退職金の受取時に退職所得控除を使い切ったか否かで調整の仕方は変わります。

退職所得控除をうまく使い切るのがコツ！
「一時金」と「年金」を組み合わせる手も。各社で用意しているシミュレーションが大事！

収入をアップできる上に
オトクに受け取れるメリットも

専業主婦もiDeCoで月額2・3万円（年額27・6万円）できるとはいっても、あまり意味がないのではないかと考える人も少なくありません。けれども、しっかり稼ぎたいと思っている主婦なら、**これまで所得税がかからないように意識して103万円までに抑えていたパートやアルバイトを、iDeCoを利用することで130万円まで増やしても所得税がかからないようにできるメリット**があります。

所得税がかからないように働くのにベストなパート・アルバイト収入は、［給与所得控除65万円＋基礎控除38万円＝合計103万円］ですね。iDeCoの掛金は収入からまるまる差し引くことができるので、フルの年額27・6万円で利用すると、［給与所得控除65万円＋基礎控除38万円＋小規模企業共済等掛金控除27・6万円＝合計130・6万円］までの収入なら所得税がかからないことに。

受取時には一時金なら退職所得控除を利用できて税金なしで受け取れる特典も。

専業主婦にうれしいｉDeCo２大特典

【収入を103万円から130万円にアップしても所得税がかかない！】

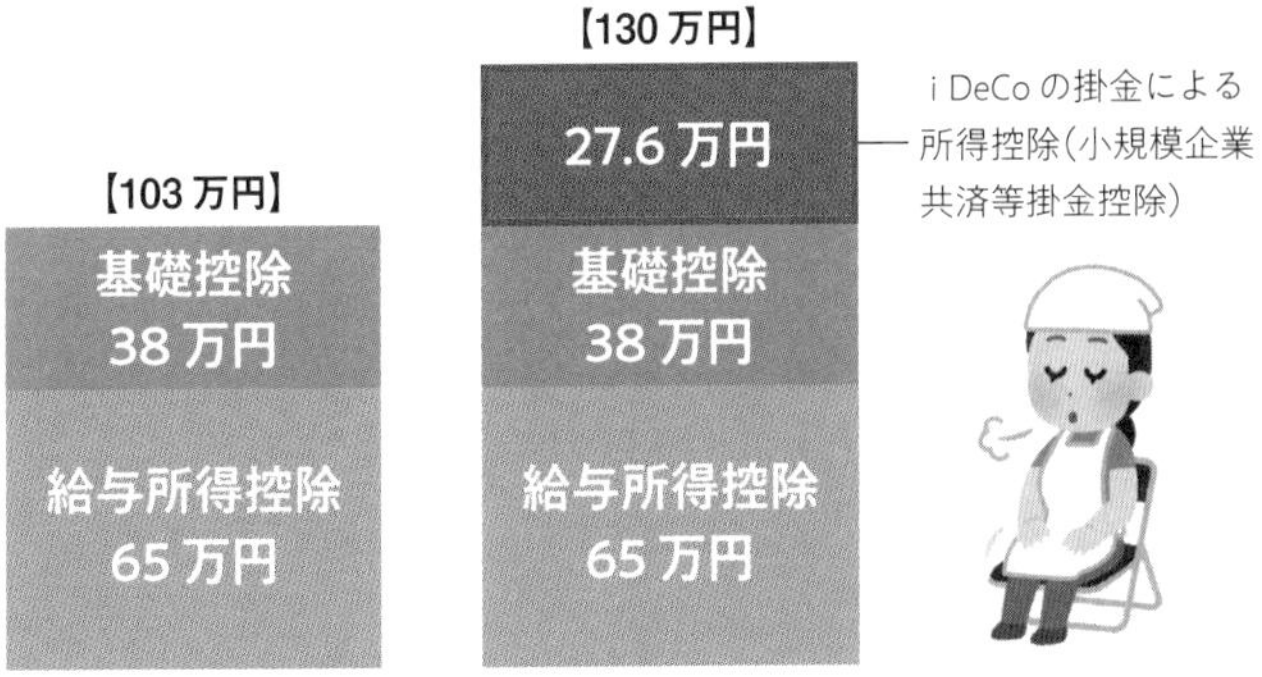

【「一時金」で受け取るときは「退職所得控除」が使える！】

年金形式で
受け取るより、
断然、おトク！

本来、専業主婦は会社員のように退職金を受け取ることはないけれど、ｉDeCoの一時金受け取りには専業主婦でも退職所得控除が利用可に。その際には、ｉDeCoの加入年数を、勤続年数と同様にカウント。

課税退職所得金額 ＝（収入金額 ― 退職所得控除額）× 1/2
（ｉDeCo一時金）

【退職所得の計算方法】

勤続年数（ｉDeCo加入年数）	退職所得控除
20年以下	40万円×勤続年数（ｉDeCo加入年数） ※80万円未満のときは、80万円
20年超	800万円＋70万円×（勤続年数－20年）（ｉDeCo加入年数）

どちらも投資信託などの料理を盛りつける「器」の名前

iDeCoとNISAのメリット

老後資金づくりというと、必ずといっていいほど耳にする「iDeCo」（イデコ）と「NISA」（ニーサ）という言葉。これは、たとえて言うなら、料理（株や債券、投資信託といった運用商品）を盛り付ける器《うつわ》のようなもの。この器に盛れる範囲であれば、載せた料理（運用商品）にかかる税金がオトクになるので、多くの人が「これ、いいね！」と宣伝しているわけなのです。

日本では、増えたお金には税金がかかることになっていて、たとえ預貯金であっても例外ではありません。たとえば100万円を銀行に預けても、年利0・001％の今は、増えた10円のうち20％分（2円）が税金として差し引かれて、口座に入金される利子はわずかに8円です。株や投資信託でも同様に増えた利益の20％が税金として差し引かれるのが通常です。それが**iDeCoやNISAを使うと利益の100％をまるまる手にできて断然おトク。〝知らなきゃ損〟なしくみ**なのです。

i DeCoとＮＩＳＡは節税メリットが大きい制度

【 i DeCoの魅力と留意点】

運用で得た利益は
非課税！
（大きく増やせるかも）

掛け金の全額が
所得控除になる！
（所得税・住民税が
減るよ！）

【留意点】

i DeCoは老後資金づくりの
ためのおトクな制度

・原則60歳までしか使えない制度なので早く始めたほうが有利！
・60歳にならないと積み立てたお金は引き出せない点に注意！
・毎月一定額の積み立てだから、一度にドン！とは入れられない

受け取るときも
有利！
（税金が
かかりにくい
しくみに
なってるよ！）

【ＮＩＳＡの魅力と留意点】

運用で得た利益は
非課税！
（大きく増やせるかも）

【ＮＩＳＡは３種類】
「一般NISA」は最高120万円×最長5年
「ジュニアＮＩＳＡ」は最高80万円×最長5年
「つみたてＮＩＳＡ」は最高40万円×最長20年
利用できる制度！
（一度にドン！と運用にまわせるよ！）

２０２４年からは
「ＮＩＳＡ」と「つみたて
ＮＩＳＡ」の合体版に。
「ジュニアＮＩＳＡ」は
2023年で終了するよ。

【留意点】

ＮＩＳＡは、ちょっとずつ
投資を頑張る人のための優遇制度
[少額投資非課税制度]

・「ＮＩＳＡ」「ジュニアＮＩＳＡ」「つみたてＮＩＳＡ」の３種類あるけど、老後資金づくりなら、リスクが低い「つみたてＮＩＳＡ」がおすすめ！

NISAはひとり1口座
最初のじっくり吟味が大事

NISAは期間限定のオトクな口座

NISAを始めたい！と思ったら、どこの金融機関（証券会社や銀行など）を使うかを決めて、NISA口座を開設します。商品ラインアップなど、各金融機関で異なるため、ホームページなどで確認してからの申込みがおすすめです。たとえば、銀行では投資信託は取り扱っていますが、株式は証券会社などでないと取り扱いがありません。どのNISAで使うのかをまず決めてから、そのNISAで自分好みの商品ラインアップがある金融機関を選ぶとムダがありません。

NISA口座はひとり1口座に限定した、税制優遇のある口座です。口座開設申込み時に税務署において二重口座でないことの確認が入る流れで、本人確認書類やマイナンバー確認書類も必要になります。税務署の確認を先にする場合は口座開設に2〜3週間かかるため、**すぐに取引を始めたい場合は先に金融機関に口座開設を申請するのがおすすめ**です。最短で申込当日から取引を開始できます。

NISAは金融機関選びがキモ

【NISAを取り扱っている金融機関】

証券会社	銀行・信託銀行	投信会社
郵便局	農協	信用金庫
信用組合	労働金庫	生命保険会社

【証券会社で口座を開くと……】

NISA講座	特定口座	一般口座
・NISAは2023年までの期間限定の制度。 ・(一般)NISAでは毎年120万円まで、ジュニアNISAでは80万円まで、つみたてNISAでは40万円までの利益に対し非課税※。	・本人に代わって証券会社が1年間の損益を計算してくれる口座。 ・源泉徴収あり・なしを選択する。 ・利益に対する税率は20.315%	・すべての口座開設者が持つ口座。1年間の売買損益を自分で計算して確定申告する。 ・利益に対する税率は20.315%

※2024年から新制度に変更

【NISAはひとり1口座】

取引先の銀行で「NISA口座の開設キャンペーン」をしていたので開設。
あとからNISA口座で株も買いたくなったけど、銀行では株は扱ってなかった……証券会社で口座開設しておけばよかった。

窓口でいろいろ相談したかったので、地銀でNISA口座開設。
その後、転勤したものの、転勤先には、NISA口座を開設した地銀の支店はありませんでした……。

3つのNISAの違いをチェック

自分の投資スタイルで どのNISAを使うか決めよう

NISAには3種類あり、**自分名義で開設するなら「（一般）NISA」と「つみたてNISA」の二者択一**です。1年あたりの非課税金額は大きいけれど原則として最長5年の（一般）NISAは、投資信託のほかにも、株式やETF（上場株式投資信託）、J-REIT（上場不動産投資信託）などでも非課税の特典が使えます。一方、額は少なめながら20年間に渡り、非課税で運用できるつみたてNISAは、対象は投資信託のみで、それも約6000本ある投資信託の中から厳選されたリスクが少なめとされている約170本の中で、自分が口座開設した金融機関が取り扱っているものの中から選んで運用します。

教育資金や住宅購入の頭金づくりなど目的があって減らせない資金づくりをメインに使いたいなら「つみたてNISA」を、ボーナスなどで大きく幅広く投資したいなら「（一般）NISA」の活用が合理的。自分のスタンスで選んでみては。

ＮＩＳＡは３種類

	（一般）ＮＩＳＡ	ジュニアＮＩＳＡ	つみたてＮＩＳＡ	iDeCo
名義	自分	子ども	自分	自分
年齢	２０歳以上	０～１９歳	２０歳以上	２０歳以上 ６０歳未満
節税メリット	運用で得た利益は非課税	運用で得た利益は非課税	運用で得た利益は非課税	・掛金の全額が所得控除 ・運用で得た利益は非課税 ・受取時に控除あり
投資方法	制限なし	制限なし	定期的・継続的に積み立てる	毎月一定額を積み立てる
非課税対象	株や投資信託	株や投資信託	所定要件を満たした投資信託	株式や債券、投資信託、定期預金など
年間の投資上限額	120万円	80万円	40万円	加入する人の職業によって異なる
非課税期間	最長５年	最長５年	20年間	

※2024年から新NISAがスタート。一般NISAとつみたての合体版に。

つみたてＮＩＳＡ」と
iDeCoは似ていると
よく言われます

コツコツ派に人気の2つの制度

iDeCoとつみたてNISAの商品ラインアップに注目

毎月コツコツと増やしておきたいと考えているとき、「iDeCo」と「つみたてNISA」をおすすめされるケースは少なくありません。どちらがよいのかというと悩ましいところ。というのは、どちらも運用で得た利益は非課税で、年間数十万円規模の上限額がある点は同じだからです。

注目したいのは、取り扱っている商品の内容です。iDeCoには、国内や海外の株式・債券・REIT（不動産投資信託）やコモディティ（金など）、バランス型の投資信託、元本保証の預貯金型の商品があります。

一方、つみたてNISAは、金融庁が定めた長期・積立・分散投資に適した株式投資信託に限定されています。販売手数料がゼロ（ノーロード）で投資信託にかかる信託報酬が一定水準以下のものに限定されており、コストをおさえてリターンを目指す視点で、投資初心者にとっても運用しやすい商品が多くなっています。

「ｉDeCo」と「つみたてＮＩＳＡ」①

【運用益への課税は？】

運用で得た利益は
非課税！
（大きく増やせるかも）
iDeCo
運用で得た利益は
非課税！
（大きく増やせるかも）
つみたて
NISA

【何で運用するの？】

国内外の株式・
債券・ＲＥＩＴ、
定期預金など
iDeCo
つみたてNISAは、
安全性の高い所定の投資信託※
だけで運用
つみたて
NISA

※販売手数料がゼロ（ノーロード）で、信託報酬は一定水準以下、分配頻度が毎月でないこと、信託期間が無期限または20年以上。これらの要件を満たした公募投資信託と一部のETF（上場投資信託）が対象

【どんな投資方法？】

毎月、コツコツ！
一定額を積み立てるよ
（会社員や自営業などで
上限あり）
iDeCo
つみたてNISAは定期的に
継続的に積み立てるよ
（年間40万円の上限あり）
つみたて
NISA

iDeCoもつみたてNISAも
コツコツと積み立ててい
くという基本は同じだね

併用はアリ？
老後不安にはiDeCoが本命

「iDeCo」と「つみたてNISA」のどちらを利用するか迷う人もいますが、じつは併用は可能です。20～30代で自己投資や住宅購入の頭金づくりなどに集中したいのであれば、運用するなら「つみたてNISA」だけでももちろんOKです。

ただ、住宅購入や教育費などの主なライフイベントについてある程度見通しができて、**あとは老後資金が心配で積み立てるという人の場合は、あくまでムリのない額であることが前提の話ではありますが、iDeCoを上限額まで積み立ててみては**。iDeCoは節税効果が高い一方、上限額は少ないので、公務員で月1・2万円や会社員なら月2・3万円という額は、すぐにうまってしまいます。

それに冷静に考えてみれば、月1万～2万円程度では、60歳までに貯められる額はそれほど多くはありません。この程度では到底足りないことに気づいたら、月々で貯めていけそうなら「つみたてNISA」を使えば合理的です。

「ｉDeCo」と「つみたてＮＩＳＡ」②

【換金性は？】

60歳まで
原則、出せないよ！
（だからしっかり
貯められる）

いつでも換金ＯＫ！
（住宅購入の頭金や、子どもの
進学資金として貯めて、必要
なときに引き出せる）

私は心配なのは老後資金だけ！
月々コツコツなら貯められるから、ｉDeCo
を限度額まで利用して、余力があれば、
つみたてＮＩＳＡを利用しようかな

将来的に、家も買うし、子どもの教育費もかかる
から、預貯金をベースに貯めて、子どもの大学
進学時に備えて運用は、つみたてＮＩＳＡで効
率的に増やしたいな。
とはいえ、老後は心配だからｉDeCoも月１万円
くらいで始めておこうかな。

結論！
老後資金づくりは、コツコツ貯めるなら
「iDeCo」「つみたてNISA」
まとまったお金で増やしたいなら
「NISA」がおすすめ！

つみたてNISA活用上の留意点

2024年から新制度
フル活用なら今すぐスタート

つみたてNISA活用にあたっては、20年という年限がある点に留意が必要です。そのまま売却せず持ち続ける場合、20年経過時点の時価で特定口座か一般口座に払い出され、その時点の時価が新たな取得価格となります。利益が出ていれば御の字ですが、出ていない場合は要注意。20年経過後に売ると、始めたときの取得価格を下まわっていても課税されることがあるため、その前に決着をつける視点が重要です。

ところで、今のNISA制度は2024年から新制度になります。そう聞くと**「2024年まで待とうかな」と思う人もいるようですが、今すぐ始めるのが得策です。**現行のつみたてNISAでは2037年まで新規に投資できるしくみでしたが、5年間延長されて2042年まで投資できることになります。最後の2042年に投資した資金は2061年までが非課税に。年間非課税枠40万円もそのままなので、ずっと最大800万円が非課税となる計算です。

つみたてＮＩＳＡは20年の期間限定

【買ったときより損していても課税されることがある】

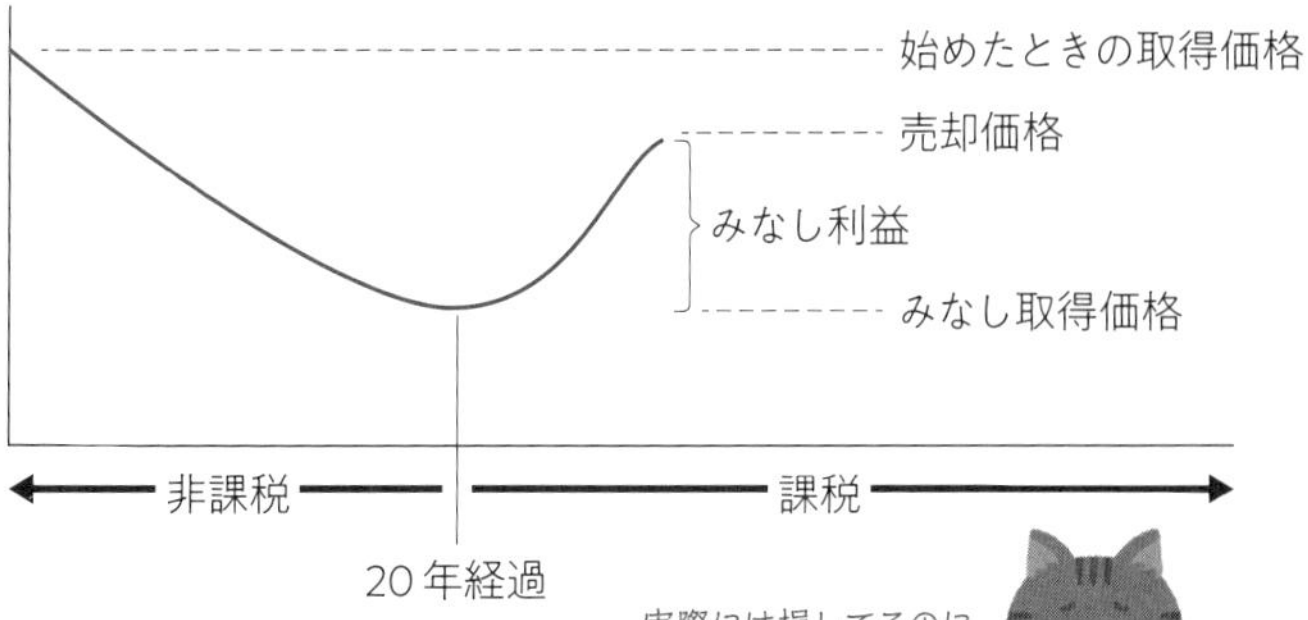

【2024年から新制度が始まる】

	現行制度		新制度（2024年～）	
	現行 ＮＩＳＡ	つみたて ＮＩＳＡ	新NISA	つみたて ＮＩＳＡ
口座開設 可能期間	2023年 まで	2037年 まで	2024～ 2028年まで	2024～ 2042年まで
投資対象 商品	上場株式 投資信託 等	一定の投 資信託・ ETF	1階：つみたて ＮＩＳＡと同様 2階：上場株 式・投資信託等	一定の投資信 託・ETF
非課税 期間	5年間	20年間	1階：5年間 2階：5年間	20年間
年間投資 上限額	120万円	40万円	1階： 20万円 2階： 102万円	40万円

根強い人気の「個人年金保険」(V)

老後の年金生活のフローのお金づくりの王道

老後資金づくりでひそかに人気があるのが「個人年金保険」です。図のようにさまざまなタイプがあり、馴染みのある生命保険会社や銀行で提案されるので、心理的なハードルが低いため、契約者は増え続けています。

払ったお金が大きく増えるかと言えば、今のような運用環境下では残念ながら予定利率（保険会社が運用して増やす利率）が低く、正直なところ期待するほどには増えません。それでも根強い人気があるのは、契約時に受取時の年金額が確定していることと、毎年決まった額を定期的に年金形式で受け取れるので退職後の生活資金のイメージがわきやすいことが大きな理由になっています。

年金生活者に聞いたところ**ＮＩＳＡで運用して増やしたものを老後の生活資金に充てるとなるとストックをとりくずす〝焦燥感〟が伴いますが、個人年金保険であればフローのお金として入ってくるので〝安心感〟がある**、とのこと。参考までに。

個人年金保険のしくみ

個人年金保険は、契約で決められた期間まで保険料を払い込み、その資金（年金原資）を年金形式または一時金の形で受け取る保険契約。民間の生命保険会社や共済で契約する。

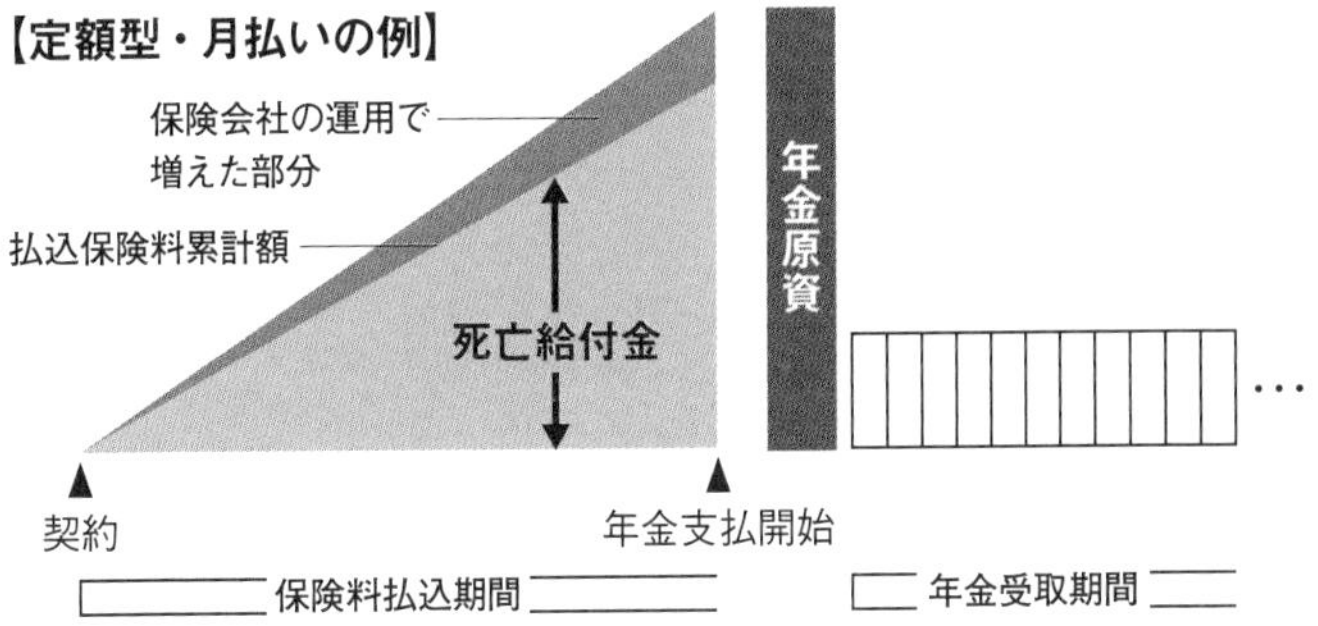

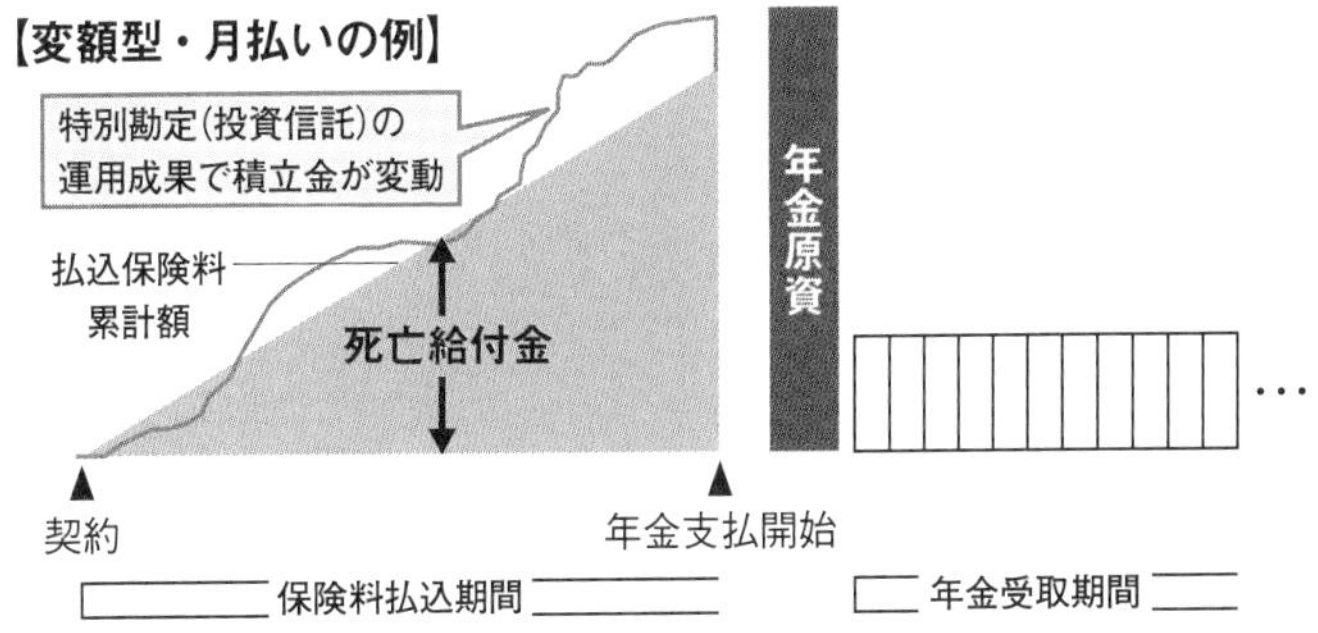

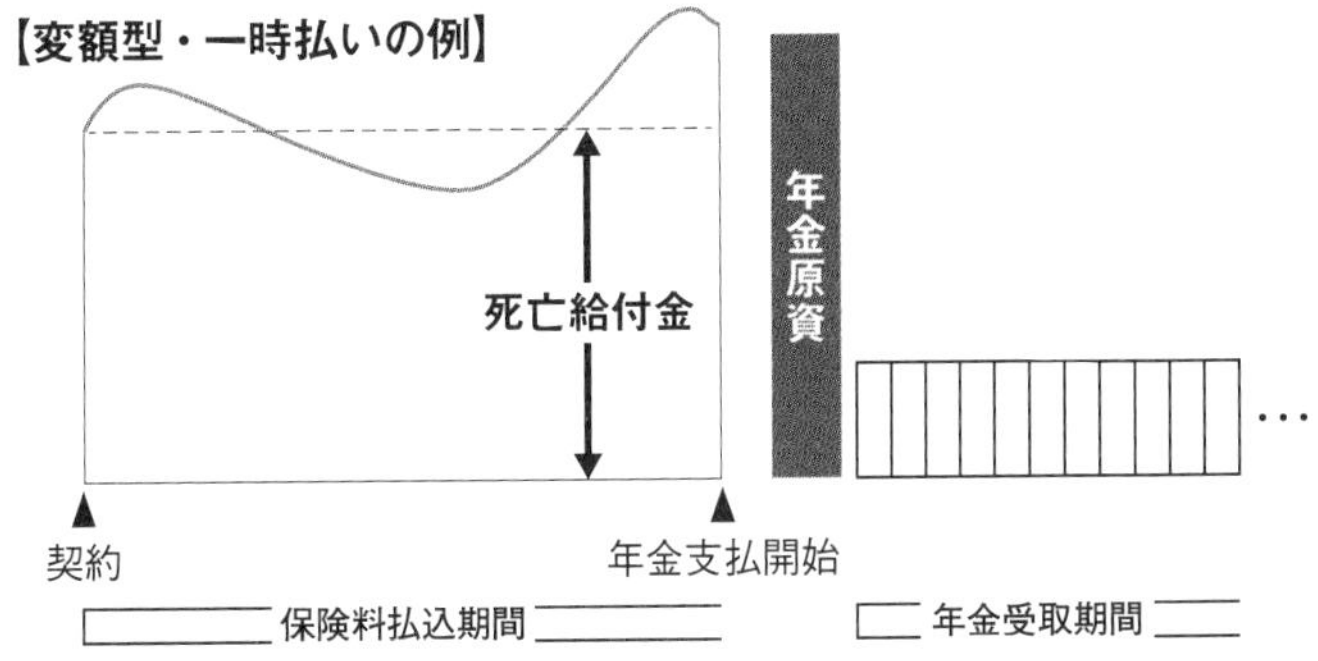

多様な個人年金保険バリエーション

個人年金保険ならではのしくみは一生涯受け取れる終身年金

みなさんがよく知る「生命保険」が〝もしもの早死に〟の際に不足するお金をまかなうための保険とすると、「個人年金保険」は〝もしもの長生き〟をした際に不足するお金を補う位置づけの保険です。

個人年金保険にはさまざまなバリエーションがあり、「確定年金」はｉＤｅＣｏの年金受け取りと同じイメージですが、個人年金保険ならではのバリエーションとして「終身年金」「保証期間付終身年金」があります。いずれも**生きている限り、一生涯年金を受け取れるプランで、長生きすればするほど、支払った保険料よりも大きな金額を手にすることができます**。また夫婦年金も、夫婦のいずれかが生きている限り年金が受け取れるしくみが主流で、夫婦の老後資金づくりの心強い味方になります。

保険料をコツコツと支払って個人年金保険料控除の特典（所得税４万円、住民税２・８万円の所得控除）を受け取るほか、退職金で保険料を一括で支払う人もいます。

個人年金保険のバリエーション例

有期年金

契約時に定めた一定期間(10年間など)、年金を受け取れる。
被保険者が死亡すると、契約は終了する。

確定年金

契約時に定めた一定期間(10年間など)、生死にかかわらず年金を受け取れる。年金受取期間中に被保険者が死亡した場合、残りの期間に対応する年金、または一時金を遺族が受け取れる。

終身年金

被保険者が死亡するまで、一生涯に渡り年金を受け取れる。
被保険者が死亡すると、契約は終了する。

夫婦年金

夫婦いずれかが生存している限り年金が受け取れる。

保証期間付有期年金

保証期間中は生死に関係なく年金が受け取れ、その後は契約時に定めた年金受取期間中、被保険者が生存している限り年金が受け取れる。保証期間中に被保険者が死亡した場合、残りの保証期間に対応する年金、または一時金が支払われる。

保証期間付終身年金

保証期間中は生死に関係なく年金が受け取れ、その後は被保険者が生存している限り終身に渡って年金が受け取れる。保証期間中に被保険者が死亡した場合、残りの保証期間に対応する年金、または一時金が支払われる。

【個人年金保険料控除の対象とするための主な要件】

- 年金の受取人が保険料を払っている本人もしくは配偶者
- 保険料の支払期間が10年以上
- 年金の受取開始が満60歳以降
- 年金の受取期間が10年以上

コラム3

iDeCoは今後も改善予定

iDeCoは2022年からさらにパワーアップ

ｉＤｅＣｏは大きな税制優遇のメリットいっぱいの制度ですが、２０２２年度からさらに変わって、これまで以上に使い勝手がよくなります。

まず、受取開始時期の上限が延長に。今は貯めたお金を受け取り始めることができる時期は60歳から70歳までと決められていて、この10年間で受取時期を自由に決めることができますが、70歳を超えてお金を受け取らずに運用を続けることはできません。それが、２０２２年４月からは受取時期の上限が現行の70歳から75歳に延長されることに。自分の判断で運用期間を長くすることができれば、お金が増える可能性が高まります。

加入年齢も、現在は原則60歳未満が対象ですが、国民年金被保険者であれば65歳まで加入できることに。

すでに50代という会社員でも働き続ける予定なら、iDeCoで老後資金のラストスパートを。

60歳になったとき、特にお金に困っていなければ、すぐに受け取らずに、引き続き運用を継続することも検討してみては。勤め先によっては掛金を拠出できる年齢も上がる予定なので、制度改正の動向に要注目です。

第4章
「保険」を整える

保険は、こまめに見直すもの

ライフプランが変わったら〝裾入れ・丈だし〟がおすすめ

保険に入ったあと、ずっとそのまま放置という人は少なくありません。けれども**保険は入ってからの見直しが大事。ライフプランによって必要な保障額は変わるもの**です。いざというときに「足りなかった！」では、何のために入っていたのか後悔しかねない性質のものです。〝もしも〟のときに備えて入っているので、いざというときにちゃんと役立つように入る姿勢が大切です。

たとえば「生命保険」は、入った際には適切と思われた保険金額（必要保障額）が家族構成や年齢によって大きく変わる保険です。それこそ、1億円近い金額になることがあったり、ゼロでもよい、というように差があります。

生命保険の中には、その保険の期間内に亡くなることがなければ〝掛け捨て〟で払った保険料が1円も戻ってこない種類の保険もあります。ふと気になったら、今の状況に合わせて見直すと、ムダなくジャストフィットできます。

生命保険の「必要保障額」はライフプランで変動する

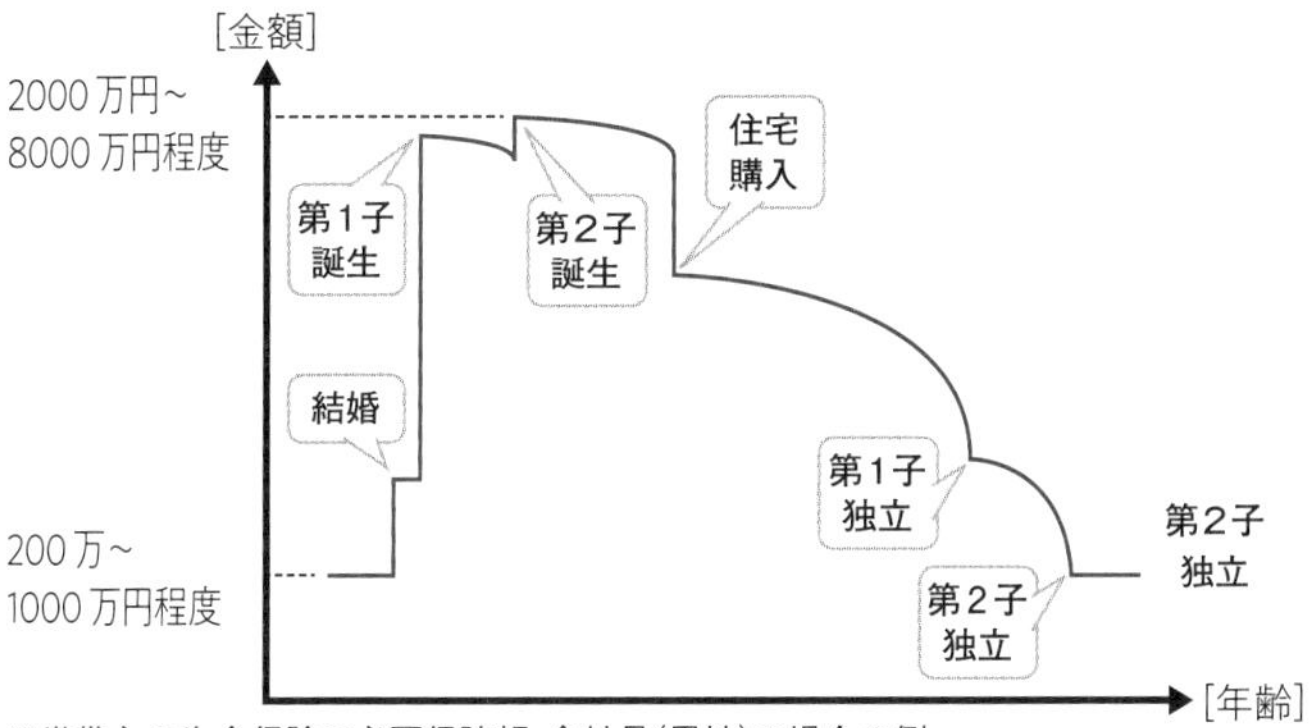

※世帯主の生命保険の必要保障額。会社員（男性）の場合の例

この例では、差額の4637万円が必要保障額
（生命保険で入るべき額）となる

(例)

2063万円	夫の遺族年金	遺族基礎年金（夫の国民年金）
2700万円	夫の遺族年金	遺族厚生年金（夫の厚生年金保険）
1003万円	夫の遺族年金	中高齢寡婦加算（夫の厚生年金保険）
1920万円	妻の老齢年金	老齢基礎年金（妻の国民年金）
60万円	妻の老齢年金	老齢厚生年金（妻の厚生年金保険）
500万円	夫の死亡退職金	
500万円	現在の貯蓄	
2500万円	妻の就労収入	
1億1246万円	以後の「収入」合計	

(例)

今後の生活費	6224万円
今後の住居費	7343万円
子どもの教育費	1991万円
借金	0万円
お葬式代・整理費用	325万円
以後の「支出」合計	1億5883万円

損害保険の場合は、保障額をいくらにするかは〝もしも〟のときの経済的ダメージで決まります。たとえば「住まい」の建物の保険なら建て直しができる金額、「自動車」なら壊れたときの修理費用や相手への賠償額というように、**損害保険は入るべき金額がほぼ確定しているので、その額をカバーできるプランを複数社で相見積もりをとって、割安なところを選べばOK**です。これらの保険は常に必要です。

ただ「生命保険」に関して難しいのは、人の命には値段がない点です。保険料さえ払えれば、300万円でも3億円でも好きな金額で契約できます。ただ、合理的な目安が欲しいというので編み出された「必要保障額」で計算すると、公的保障の多寡によって、前ページのように変わるしくみになっています。

加入ニーズの高い「医療保険」「がん保険」などは、あくまで好みと〝ふところ具合〟によります。大きな安心が得られるなら検討してもOKの位置づけです。

入っておくべき保険の基本的な考え方

家を持つなら「住まいの保険」は必須。

▶火災保険（P180）
▶地震保険（P180）

車を持つなら「自動車保険」は必須。

▶自賠責保険（P182）
▶自動車保険（P182）

自転車に乗るなら「自転車保険」は必須。

▶個人賠償責任保険（P188）

養うべき家族がいるなら「生命保険」は必須。

▶生命保険（P164）

働けなくなったときのダメージが大きい人は、就業不能保障の検討を。

▶就業不能保険（P176）
▶所得補償保険（P176）

体に関わる保険は、費用対効果が低いので、入る優先順位は低め。心配なら入ってもOKな位置づけ。

▶医療保険（P168）
▶がん保険（P172）

不安なことはいっぱいあるけど、あくまで〝もしも〟のときだから。数千万円規模の経済的な損失がありそうなものから備えるのが合理的。家や車、家族がいるときの生命保険の優先順位は高め。

優先順位をつけて
利用するのが大事

古希　喜寿　傘寿　米寿
卒寿　白寿　茶寿　皇寿　大還暦

もしもの〝長生き〟が心配なら検討してもOK。

▶（民間）介護保険（P178）　▶個人年金保険（P134）
▶認知症保険（P178）

優先順位が高いのは働けなくなったときの保障

これから先も「ずっとシングルかな」という思いが強くなったら、いったん、きちんと保険の見直しをしておくのがおすすめです。これまで〝まにあわせ〟で入っていた保険を、将来を見すえた保障内容に切り替えておくとムダがありません。

重視するポイントは「自分で使える保険」を選ぶことです。たとえば生命保険（I）は自分が亡くなったときに遺族が受けとるしくみの保険なので、原則として自分では使えない保険となり、優先順位は低くしていいでしょう。

〝ひとり〟ということにどうしても不安をあおられて、つい保険に頼りたくなってしまう人は多いです。けれども、保険はもともと、まさかの事態に貯蓄で不足するぶんをカバーするためのものなので、保険料に投入しすぎて貯蓄にまわすお金が減ることはよく考えてみれば本末転倒です。**将来に向けた貯蓄を築くことを優先し、保険は予算内で優先順位をつけた活用がおすすめ**です。

シングルの人の保険の優先順位

保険の種類	優先順位	備考
【Ⅰ】生命保険 [P164]	★☆☆	仕送りをしている人や奨学金を借りている人でなければ基本的には必要なし。
【Ⅱ】医療保険・がん保険 [P168、172]	★☆☆	高齢になったときの医療費が心配なら、終身医療保険で備えるのも手。
【Ⅲ】就業不能保険・所得補償保険 [P176]	★★☆	会社員であれば有給休暇があったり傷病手当金があるため、優先順位は低め。
【Ⅳ】介護保険・認知症保険 [P178]	★☆☆	自分が要介護状態になったときのことが心配なら、民間介護保険や認知症保険も視野に入れてみても。
【Ⅴ】個人年金保険 [P134]	★☆☆	退職後の生活費が心配なら個人年金保険を活用するのも手。節税効果に注目を。
【Ⅵ】火災保険 [P180]	★★★	賃貸暮らしなら"家財"の火災保険、持ち家なら"建物"の火災保険への加入を求められる。
【Ⅶ】地震保険 [P180]	★☆☆	賃貸の場合は、基本的に必要なし。持ち家（マンション）は付けておいたほうが安心。
【Ⅷ】自賠責保険 [P182]	★★★	車を持っているなら、自賠責保険は必須。
【Ⅸ】自動車保険 [P182]	★★★	車を持っているなら、相手への賠償（対人賠償保険、対物賠償保険）は最低限入っておきたい。
【Ⅹ】個人賠償責任保険 [P188]	★★☆	賃貸なら火災保険に付帯しているのであらためての加入は不要。

★★★優先順位は高め

★★☆優先順位は比較的高め

★☆☆優先順位は低め

重要度が比較的高いのは就業不能保険・所得補償保険（Ⅲ）で、病気やケガで働けなくなったときの収入を補うことが可能です。

医療保険・がん保険（Ⅱ）に入っておきたいという人は少なくありませんが、**〝自分の代わりに給付金を請求できる人がいるかどうか〟についてはあらためて確認を。**病気やケガに備えた保険ではありますが、自分が入院したまま身動きがとれないほど悪い状況となったときに、もしも保険金請求できなければ、せっかく入った保険がムダになってしまいます。

同様なことは、介護保険・認知症保険（Ⅳ）にも言えることで、最近発売の認知症保険では特にその点に留意し、子どものいる人でなければ入れないものが主流になってきています。やみくもに保険に頼るのではなく、預貯金とバランスをとりながら最小限で利用するのが得策です。

「ずっとシングルかも」と思ったら

あれもこれも不安で、いろいろ保険に頼りたくなっちゃうよね……

優先順位が高いのは「就業不能保険」「所得補償保険」「個人賠償責任保険」。

もしも働けなくなって収入が途絶えたら不安だし、マイホームを買っている人なら住宅ローン返済が滞ると大変だから、特に検討したい保険。自営業者の人は、働けないと収入ダウンに直結するから、特に入っておきたいところ。

「個人賠償責任保険」は、自転車保険が各自治体で加入義務化されてるからこの保険に入っていればＯＫ。火災保険とか自動車保険に特約でくっついていないか確認しておくと安心！

「医療保険」や「がん保険」は？

コスパはそれほどよくないものも多いから、入りたい人は費用対効果をよく確認してみてね。会社員なら公的保障（高額療養費や傷病手当金）もかなり充実してるよ。

火災保険は必須。金融機関に加入を求められる

住宅を買う際に住宅ローンを組むと「建物の火災保険に必ず入ってください」と最初に言われます。お金を借りるときには利息がかかります。たとえば30万円をキャッシングする際の金利は11～14％程度かかりますが、住宅ローンは数千万円もの大金を借りるにも関わらず、わずか1％程度で借りられます。

その理由は、住宅ローン契約を結ぶ際に、家を担保に入れるから。抵当権設定登記が登記簿に記載されて、住宅ローンを滞納すると競売にかけて債権を回収することが認められています。

けれども、もしもその担保の家が火事に遭うと、最悪の場合、担保が燃えてなくなってしまう可能性も。そこで、家が燃えてなくなる事態の担保を保全するために、〝建物〟の火災保険（Ⅵ）に入って備えるよう求められるわけなのです。契約時に、その火災保険に個人賠償責任特約（Ⅹ）を合わせて、つけておくと安心です。

家を買った人の保険の優先順位

保険の種類	優先順位	備考
【Ⅰ】生命保険 [P164]	★★★	住宅ローンを組んだ人は、それまで契約していた生命保険の保険金額を減額してOK(P150)。収入合算で住宅ローンを組む場合は、主婦（主夫）も生命保険カバーが必要に。
【Ⅱ】医療保険・がん保険 [P168、172]	★★☆	疾病保障付き団信を利用するなら、そちらのほうが保障がパワフルなため、優先順位は低めに。
【Ⅲ】就業不能保険・所得補償保険 [P176]	★★★	就業不能保障付き団信や疾病保障付き団信を利用しないなら、入っておくと安心。
【Ⅳ】介護保険・認知症保険 [P178]	★☆☆	自分が要介護状態になったときのことが心配なら、民間介護保険や認知症保険も視野に入れてみても。
【Ⅴ】個人年金保険 [P134]	★☆☆	退職後の生活費が心配なら個人年金保険を活用するのも手。節税効果に注目を。
【Ⅵ】火災保険 [P180]	★★★	住宅ローンを組む際に“建物”の火災保険の加入が求められる。賃貸時に入っていた“家財”の火災保険は解約すれば返戻金があることも。
【Ⅶ】地震保険 [P180]	★★☆	戸建ての場合は入っておく優先順位は高め。マンションの場合は、管理組合での加入状況を確認の上、判断。
【Ⅷ】自賠責保険 [P182]	★★★	車を持っているなら、自賠責保険は必須。
【Ⅸ】自動車保険 [P182]	★★★	車を持っているなら、相手への賠償（対人賠償保険、対物賠償保険）は最低限入っておきたい。
【Ⅹ】個人賠償責任保険 [P188]	★★★	賃貸暮らしのときは“建物”の火災保険に付帯していたが、住宅ローンを組んだ際の火災保険には付いていないのが通常。自分で特約を付けるというアクションが必要。

★★★優先順位は高め

★★☆優先順位は比較的高め

★☆☆優先順位は低め

ところで、住宅ローンを組んで家を買ったときには、団体信用生命保険（団信：だんしん）と、〝建物〟の火災保険（Ⅵ）に半強制的に加入が求められます。そのため、これまで契約していた保険と調整する形で見直しが必要です。

まず生命保険（Ⅰ）については、自分が亡くなったときに困る人がいてこれまで入っていたのであれば、生命保険金額から住宅ローン返済分ほどは保険金額を減額してOKに。

ただし、すでに住宅ローンを配偶者と収入合算で組んでいるとして、自分が主な返済者で配偶者がサブで返済しているといった場合は要注意。配偶者が亡くなることがあると、配偶者分の家計収入はダウンする一方で、住宅ローン返済額はそのまま変わらない状態に。**大ピンチの可能性があるため、収入合算でローンを組む場合は、それまで無保険だった人も、ローン返済額相当の生命保険に入っておくと安心**です。

「団体信用生命保険」のしくみ

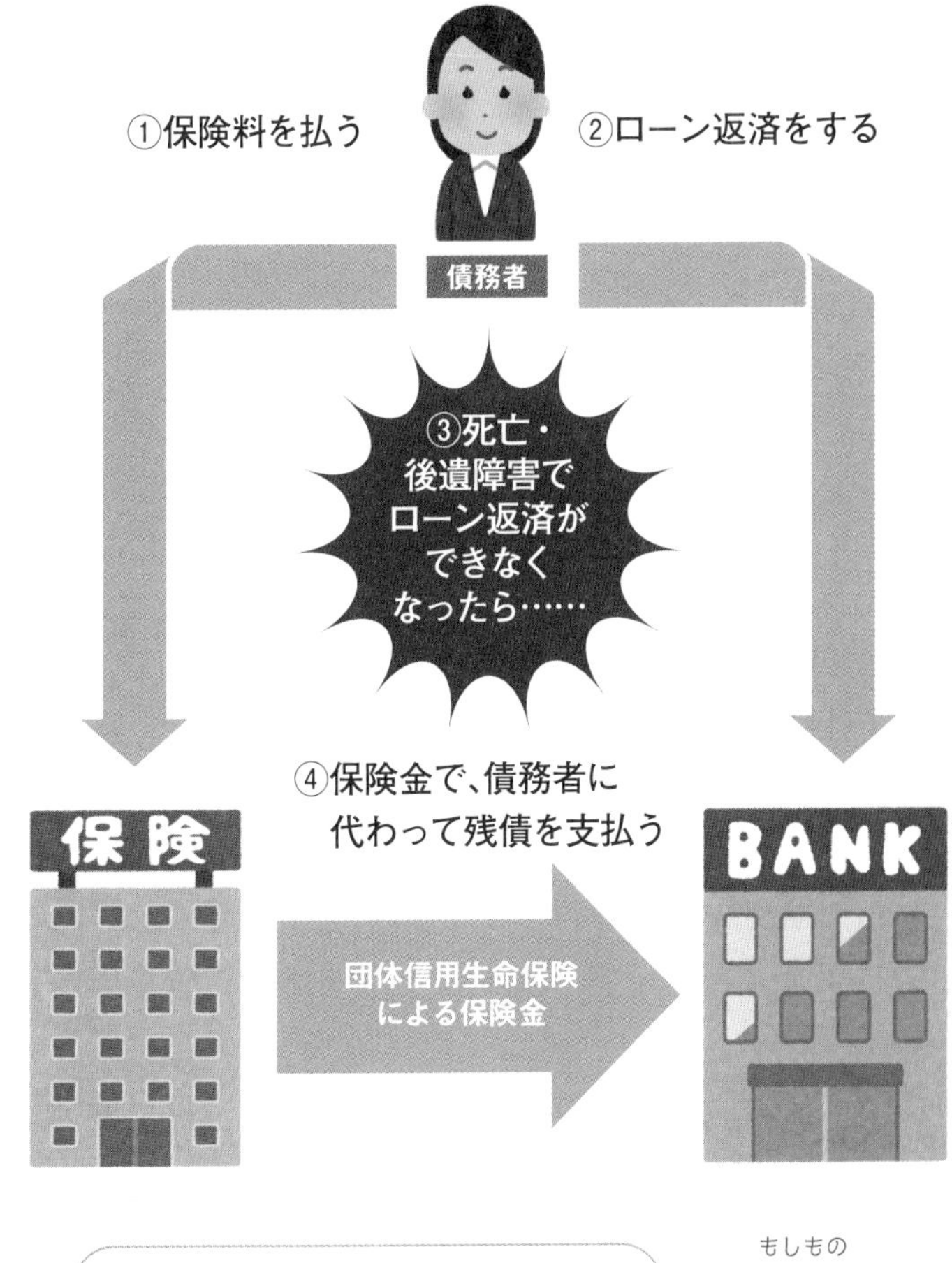
①保険料を払う
②ローン返済をする
債務者
③死亡・後遺障害でローン返済ができなくなったら……
④保険金で、債務者に代わって残債を支払う
保険
BANK
団体信用生命保険による保険金

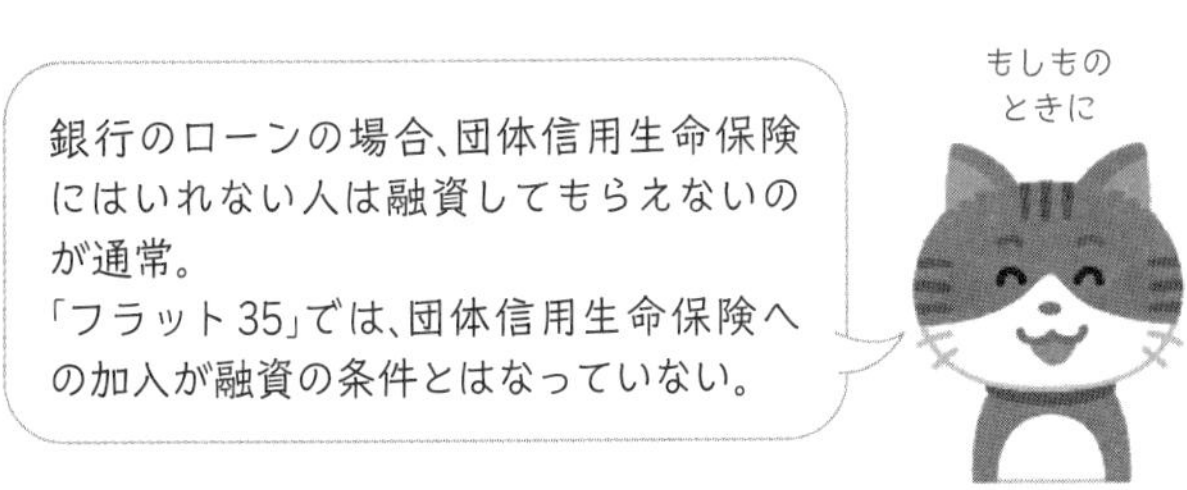
銀行のローンの場合、団体信用生命保険にはいれない人は融資してもらえないのが通常。
「フラット35」では、団体信用生命保険への加入が融資の条件とはなっていない。
もしものときに

子どもが独立したら見直す保険

老後を視野に入れた保険の見直しに着手を

子どもを養っているあいだは必要で、子どもが就職して独立したら必要性が下がるもの。それは、世帯主の生命保険（Ⅰ）です。もしも「定期保険」（P165）や「収入保障保険」（P165）など**〝掛け捨て〟の保険を利用していた場合は、満期まで待たずに解約したほうが、そのぶんだけ保険料を節約できます**。

老後が視野に入るタイミングのため、個人年金保険（Ⅴ）を検討する人もいます。ただ、今は予定利率（保険会社が運用でふやす利率）がとても低いため、払った保険料より多くの年金を受け取ることが期待できません。増えることを期待するというよりは、毎年の所得税などを減らす〝節税〟の位置づけで「個人年金保険料控除」の対象になる形で契約すれば、家計のやりくりの一策として有効です（P136）。この場合、10年以上の保険料払込期間が要件となっていますので、始めるタイミングとしてはギリギリのところ。iDeCoなども視野に入れての検討が大事です。

子どもが独立した人の保険の優先順位

保険の種類	優先順位	備考
【Ⅰ】生命保険 [P164]	★☆☆	それまで入っていた高額な生命保険は減額してOK。
【Ⅱ】医療保険・がん保険 [P168、172]	★☆☆	高齢になったときの医療費が心配なら、終身医療保険で備えるのも手。
【Ⅲ】就業不能保険・所得補償保険 [P176]	★☆☆	会社員であれば有給休暇があったり傷病手当金があるため、優先順位は低め。
【Ⅳ】介護保険・認知症保険 [P178]	★☆☆	自分が要介護状態になったときのことが心配なら、民間介護保険や認知症保険も視野に入れてみても。
【Ⅴ】個人年金保険 [P134]	★★☆	退職後の生活費が心配なら個人年金保険を活用するのも手。節税効果に注目を。
【Ⅵ】火災保険 [P180]	★★★	賃貸暮らしなら"家財"の火災保険、持ち家なら"建物"の火災保険の加入が求められる。
【Ⅶ】地震保険 [P180]	★☆☆	賃貸の場合は、基本的に必要なし、持ち家の場合はマンション・戸建てかでも変わるが付けておいたほうが安心。
【Ⅷ】自賠責保険 [P182]	★★★	車を持っているなら、自賠責保険は必須。
【Ⅸ】自動車保険 [P182]	★★★	車を持っているなら、相手への賠償(対人賠償保険、対物賠償保険)は最低限入っておきたい。
【Ⅹ】個人賠償責任保険 [P188]	★★☆	賃貸なら火災保険に付帯しているのであらためての加入は不要。持ち家の人は特約などで入っておきたい。

★★★優先順位は高め

★★☆優先順位は比較的高め

★☆☆優先順位は低め

子育てが落ち着いたタイミングは、同窓会などが開催される機会が多いものです。じつは、その際に友人の病気や訃報を耳にして不安になり、それまで無関心だったという人でも急に医療保険・がん保険（Ⅱ）などに関心がわき始めたという人も少なくありません。

その一方で、年齢とともに体のどこかしらにガタも出始めるタイミングで、持病をひとつふたつ抱えている人も少なくありません。どうしても医療保険（Ⅱ）に入りたくなって、一般的なタイプよりも保険料が割高な引受基準緩和型（限定告知型）を検討する場合は費用対効果を判断してみるのがおすすめです。

ただ、冷静に考えてみると、教育費がかかるころに比べると今後は家計にゆとりができる暮らしに移行します。**老後資金づくりのラストスパートで〝貯蓄〟が増えていくため、その貯蓄で備えられないかも合わせて検討**するのがおすすめです。

「引受基準緩和型」の保険とは

【医療タイプには3タイプある】

	一般的な保険	引受基準緩和型	無選択型
告知	10個程度	一般的な保険より少ない	告知項目はゼロ
保険料	割安	割高	非常に割高
加入可能年齢	0歳以上など	20歳以上など	30歳以上など
保険期間	定期、終身	定期、終身	定期（5年、10年）
既往症	保障あり	保障あり	保障なし
保障の削減期間	なし	あり（1年など）	あり

【引受基準緩和型（限定告知型）の医療保険の告知の例】

1	最近3ヵ月以内に、医師から入院・手術・検査のいずれかをすすめられたことがありますか。
	または、現在入院中ですか。
2	最近3ヵ月以内に、がんまたは上皮内新生物・慢性肝炎・肝硬変で、医師の診察・検査・治療・投薬のいずれかを受けたことがありますか。
3	過去2年以内に、病気やケガで入院をしたこと、または手術を受けたことはありますか。
4	過去5年以内に、がんまたは上皮内新生物で入院をしたこと、または手術を受けたことがありますか。

入りやすいけど、
保険料は割高だよ！
会社所定の告知項目(上の保険の例なら4つ)にすべて「いいえ」なら、
医師の診査なしで申込みができる

体の保険への関心が高まるが費用対効果はしっかり吟味を

退職前と退職後で大きく変わるのは〝収入〟の形です。たとえば、病気やケガで働けなくなったとき、現役時代であれば下手をすると以後の収入は途絶えかねませんが、退職後なら年金収入はずっと変わらず受け取れます。

たとえば、医療保障の必要性を考える場合、現役時代なら治療にかかる費用だけでなく収入が減ってしまうことも視野に入れて考える必要がありますが、退職後は年金収入がずっと入ってくるので治療にかかる費用だけ留意すればよくなります。

その治療にかかる費用についても、公的な医療保障は充実しているため、医療保険（Ⅱ）に入って備えたほうがよいかどうかは考え方がわかれるところです。

たとえば**「高額療養費」は、医療機関や薬局の窓口で支払った額が、ひと月（月の初めから終わりまで）で上限額を超えた場合に、その超えた金額を支給する制度**です。連続で何度も該当すると、上限額はさらに下がります（多数該当）。

〝退職したとき〟と保険

入るべき保障の優先順位	優先順位	備考
【Ⅰ】生命保険 [P164]	★☆☆	子どもが既に独立していれば原則不要。子どもの教育費がかかるならその分は確保できる額で入っておきたい。
【Ⅱ】医療保険・がん保険 [P168、172]	★☆☆	退職後の医療費が心配なら、終身医療保険で備えるのも手。
【Ⅲ】就業不能保険・所得補償保険 [P176]	★☆☆	住宅ローン返済が残っていたり、リフォームローンや教育ローンの返済が退職後も続くなら入っておくと安心。
【Ⅳ】介護保険・認知症保険 [P178]	★☆☆	自分が要介護状態になったときのことが心配なら、民間介護保険や認知症保険も視野に入れてみても。
【Ⅴ】個人年金保険 [P134]	★☆☆	退職後の生活費が心配なら退職金で一括払いする形で入る手も。
【Ⅵ】火災保険 [P180]	★★★	持ち家で退職時に住宅ローンを完済し火災保険契約も終わるなら、新たな火災保険の検討要。
【Ⅶ】地震保険 [P180]	★☆☆	家も老朽化し被害を受けやすくなっている可能性があるため、貯蓄が少ないなら地震保険で備えておくと安心。
【Ⅷ】自賠責保険 [P182]	★★★	車を持っているなら、自賠責保険は必須。
【Ⅸ】自動車保険 [P182]	★★★	車を持っているなら、相手への賠償（対人賠償保険、対物賠償保険）は最低限入っておきたい。
【Ⅹ】個人賠償責任保険 [P188]	★★☆	賃貸なら火災保険に自動付帯されているので改めての加入は不要。持ち家の人は特約などで入っておきたい。

★★★優先順位は高め

★★☆優先順位は比較的高め

★☆☆優先順位は低め

「高額療養費」については、仮に100万円の医療費がかかった場合、3割負担の人であれば窓口でいったん30万円を支払います。69歳以下で年収500万円であれば左表の「ウ」に該当するため、「8万100円＋（医療費－26万7000円）×1％」の式に医療費100万円を代入することで8万7430円が1ヵ月あたりの上限額に。そのため、後日に差額の21万2570円が還付されるしくみです。

厚生労働省の調査では、退院患者の平均在院日数は現在、30日を切る状況で長期入院はあまりありませんが、仮に月末入院・月初退院で2ヵ月にまたがる入院の例で考えてみても8万7430円×2ヵ月≒18万円ほどの貯蓄を医療費としてとりくずせる家庭であれば医療保険（Ⅱ）への加入の必要性は低そうです。医療保険に入るにしても「ウ」のランクの人は、日額5000円のプランであれば1ヵ月の入院で15万円の入院給付金と別に手術給付金も受け取れるので、十分と言えそうです。

知っておきたい「高額療養費」

～1ヵ月あたりの医療費の上限額「高額療養費制度」とは～

【69歳以下・年収約370万～770万円の場合（3割負担）】

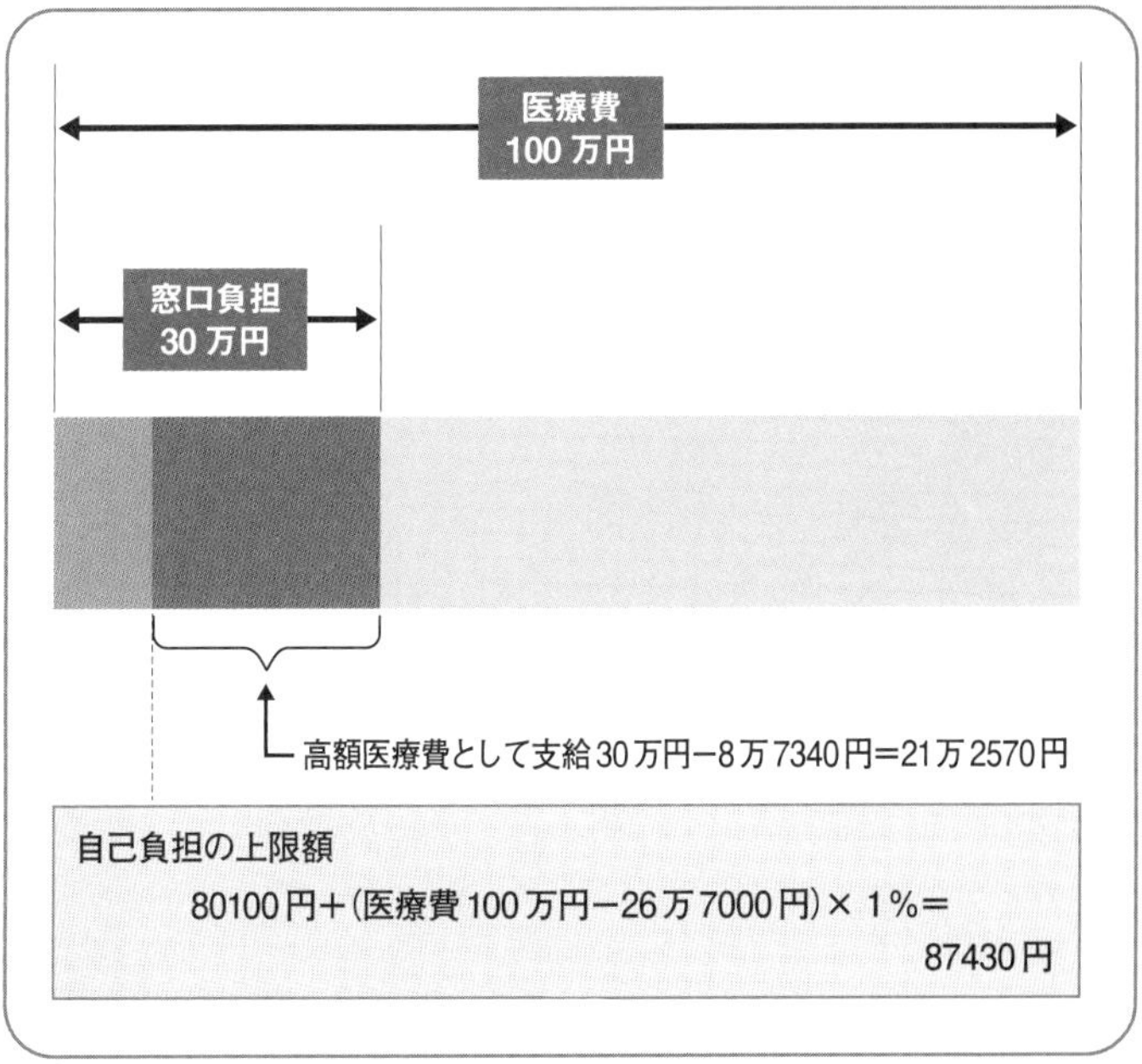

【69歳以下の人の上限額】

適用区分		ひと月の上限額（世帯ごと）
ア	年収約1160万円～	25万2600円＋（医療費－84万2000）×1%
イ	年収約770～約1160万円	16万7400円＋（医療費－55万8000）×1%
ウ	年収約370～約770万円	8万100円＋（医療費－26万7000）×1%
エ	～年収約370万円	5万7600円
オ	住民税非課税者	3万5400円

もしも勤め先を辞めて独立したら

病気やケガは収入ダウンに直結し、治療費もかかる

今の勤め先を辞めて、転職先がまた会社や公務員であればそれほど気にしなくてよいのですが、もしも独立したという場合は〝自営業〟という立場に。となると、これまでの会社員・公務員時代と異なり、格段の差がつくのが「公的な保障」です。たとえば生命保険（Ⅰ）については、遺族年金が国民年金＋厚生年金保険という2階建て保障から、国民年金のみの1階建てに変わります。そのうえ、国民年金からの遺族保障は子どもがいない家庭には給付がありません。

老後の年金も、これからは国民年金のみとなるため、老後の収入源がさらに心もとなくなります。自分で国民年金に入る手続きをしたうえで、iDeCoか国民年金基金に入るなど、自助努力の年金づくりにも目を配っておきたいところです。できるだけ長く働きつづけることを大前提にして、**もしも働けなくなったときに備える保障はこれまで以上に手厚くしておくことが重要**です。

「自営業」なら入っておきたい保険

保険の種類	優先順位	備考
【Ⅰ】生命保険 [P164]	★★★	公的保障が手薄いため、養うべき家族がいるなら十分な保険金額で契約しておきたい。
【Ⅱ】医療保険・がん保険 [P168、172]	★★☆	病気やケガ、介護などで働けなくなったとき、医療費や治療費、介護費用がかかる上に、収入がなくなったり減額になって食べていけなくなるリスク大。短期に備えるなら医療保険、長期に備えるなら就業不能保険が適している。
【Ⅲ】就業不能保険・所得補償保険 [P176]	★★★	
【Ⅳ】介護保険・認知症保険 [P178]	★☆☆	自分が要介護状態になったときのことが心配なら、民間介護保険や認知症保険も視野に入れてみても。
【Ⅴ】個人年金保険 [P134]	★★☆	老齢年金への加入が、自営業は国民年金だけになってしまうため、iDeCoや国民年金基金で上乗せを検討要。
【Ⅵ】火災保険 [P180]	★★★	賃貸を借りるなら“家財”の火災保険、持ち家なら“建物”の火災保険の加入が求められる。
【Ⅶ】地震保険 [P180]	★☆☆	賃貸の場合は、基本的に必要なし、持ち家の場合はマンション・戸建てかでも変わるが付けておいたほうが安心。
【Ⅷ】自賠責保険 [P182]	★★★	車を持っているなら、自賠責保険は必須。
【Ⅸ】自動車保険 [P182]	★★★	車を持っているなら、相手への賠償（対人賠償保険、対物賠償保険）は最低限入っておきたい。
【Ⅹ】個人賠償責任保険 [P188]	★★★	賃貸なら火災保険に付帯しているので改めての加入は不要。持ち家の人は特約などで入っておきたい。

★★★優先順位は高め

★★☆優先順位は比較的高め

★☆☆優先順位は低め

手厚く備える理由は、働けなくなったときの保障についても同様に、健康保険から国民健康保険に変わることで、かなり手薄くなってしまうからです。これまで標準装備だった傷病手当金という1年6ヵ月間の就労不能保障がなくなるうえに、有給休暇もありませんから、働けなくなると収入ダウンに直結します。さらに、医療費などの支出が増えることに。公的保障だけではまかなえない部分について貯蓄で対応できない事態にこそ、保険の活用が有効ですが、自営業者になった際は特に保険をフル活用する必要があります。

「事業が軌道に乗るまでは保険に入る余裕はないよ」という声も耳にしますが、それはまずいです。借り入れなどをしている場合は、収入ダウンで資金ショートすると破綻は避けられません。リスクマネジメントは経営者の義務。**貯蓄がないときこそ保険の前向きな活用がおすすめ**です。

大きく差が出る〝働けなくなったとき〟の保障

【会社員の場合】

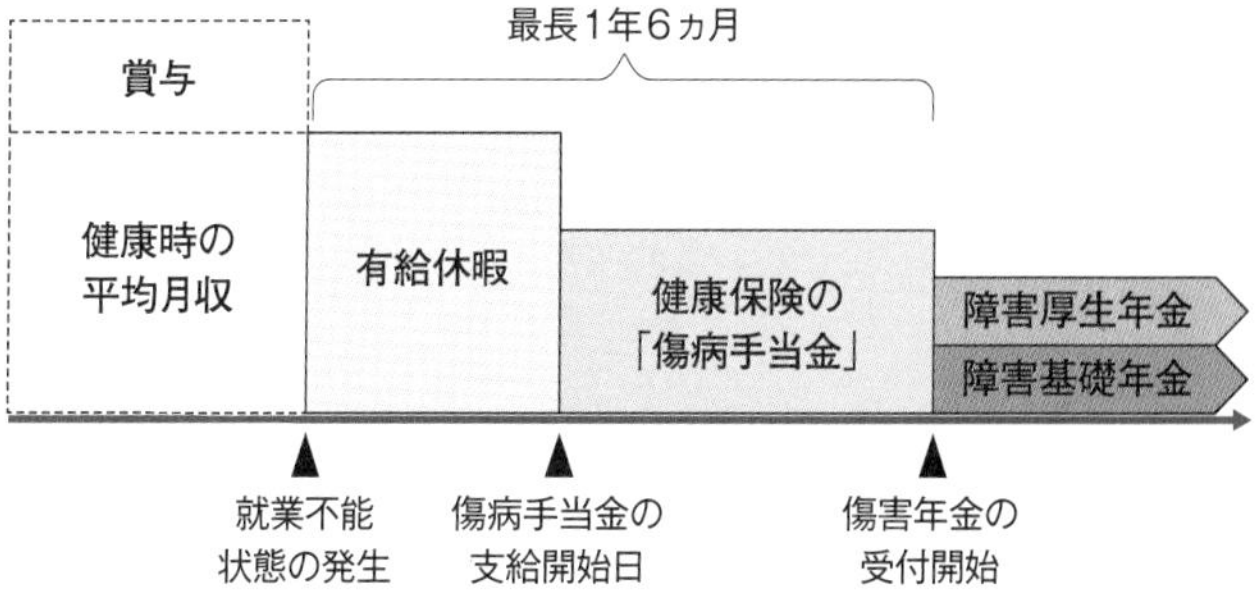

▶「有給休暇」でしばらくカバー。
▶4日以上継続して仕事に就けなければ「傷病手当金」が受けとれる。
▶一定の障害状態と認定された場合に、等級に応じて「障害年金」が支給される。
（例）月額［1級］約16万円、［2級］約12万～13万円、［3級］約6万円

【自営業者の場合】

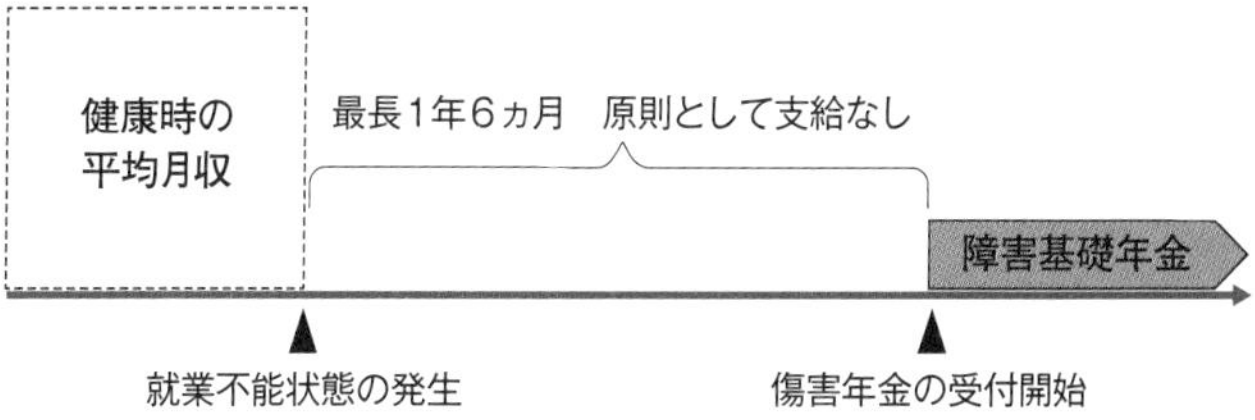

▶一定の障害状態と認定された場合に、等級に応じて障害年金が支給される。
［1級］約8.1万円／月、［2級］約6.4万円／月

蓄えがないときほど、保険をうまく活用しよう

自営業になると「働けなくなったとき」については公的保障がとても手薄くなるため自分で保険に入ってしっかり備えることが大事。住宅ローンを組んでいたり、事業資金を借りていると、返済が滞ったら大変！

生命保険（1）の必要性と見直し方

貯蓄性が高いタイプと掛け捨てタイプの見極めを

生命保険にはいくつか種類があり、以前は「終身保険」や「養老保険」といった貯蓄性が高い保険が人気でしたが、高額な死亡保障が欲しいときは、やむなく〝掛け捨て〟の「定期保険」を使うのが一般的でした。

本書を手にとっている人の中には、終身保険と定期保険の特約を組み合わせた「定期付終身保険」に入っていた人も多いのではないでしょうか。

貯蓄性が高い保険の場合には、左図のように解約返戻金がコツコツと積み上がっていくので、解約しても支払った保険料よりかなり多い解約返戻金が受け取れる〝お宝保険〟も。お宝保険のその場合はやめずに大事にとっておくのがおトクです。

一方〝掛け捨て〟の生命保険の場合は「仕送り先の親が亡くなった」「子どもが独立した」「離婚した」など必要性が下がれば速やかにやめるのが得策です。**今だけどうしても必要という場合は、勤め先の団体定期保険が割安でおすすめ**です。

生命保険のトレンドの変化

【終身保険】

保険期間	貯蓄性
一生涯	**高い**

・一生涯に渡り、いつ亡くなっても死亡保険金が受け取れる。保険料負担が重いので、お葬式代などの整理資金として200万～500万円程度で入る人が多い。

【養老保険】

保険期間	貯蓄性
一定期間	**高い**

・一定期間内に亡くなった場合に死亡保険金が、満期時に生存していた場合満期保険金が受け取れる。満期に向けた貯蓄の感覚で保険に入る人に人気。

【定期保険】

保険期間	貯蓄性
一定期間	**なし(掛け捨て)**

・一定期間内に亡くなった場合に死亡保険金が受け取れる。亡くならず満期を迎えると、掛け捨てに。保険料負担が軽いので、高額保障を確保するのに便利。

昔の主流（終身保険・養老保険・定期保険）

【収入保障保険】

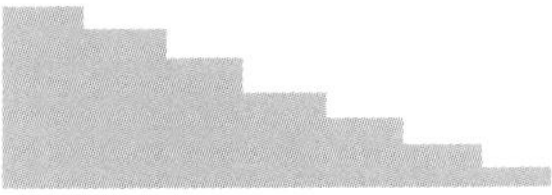

保険期間	貯蓄性
一定期間	**なし(掛け捨て)**

・一定期間内に亡くなった場合に年金形式で死亡保険金が受け取れる。解約返戻金はなし。定期保険と同じ掛け捨てだが、同じ保険料でも当初の保険金額が大きくなる。保障額を年々減らしていい人向き。

【低解約返戻金型終身保険】

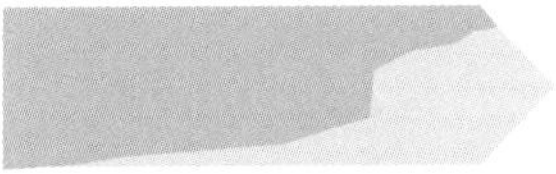

保険期間	貯蓄性
一生涯	**高い**

・一生涯に渡り、いつ亡くなっても死亡保険金が受け取れる。解約返戻金は、保険料払込みが終わるまでは少額だが、以後は一般の終身保険と同額になる。子どもの教育資金、老後資金づくり向き。

今の主流（定期保険・収入保障保険・低解約返戻金型終身保険）

「保険料負担が重いので見直したい」という保険見直し相談が多いのは「定期保険特約付終身保険（定期付終身保険）」です。とりわけ多いのは、200万〜500万円ほどの保険金額の終身保険に、2000万〜5000万円ほどの保険金額の定期保険特約をつけた定期付終身保険の処遇に困っているケースが目立ちます。

これは、世帯主向けの保険で子どもが独立するまでのあいだ、もしも死亡して学費や生活費がまかなえなくなったときに備える位置づけ。つまり、そもそも養う家族がいないシングルや、もう子どもが独立している家庭には不要な保険です。

要らないと思ったら、大きな病気などをしていなければ、ほかの医療保険に申し込んで契約できしだい、スッパリやめるのが定石です。

この保険を続けても、更新のたびに保険料負担は重くなる一方で、医療保障などの見直しは難しいしくみで、結局、長くは続けられません。

定期保険特約付終身保険の留意点5

終身保険を主契約にした保険で、特約(オプション)で定期保険が付いているプランのこと。定期付終身保険とも呼ばれる。

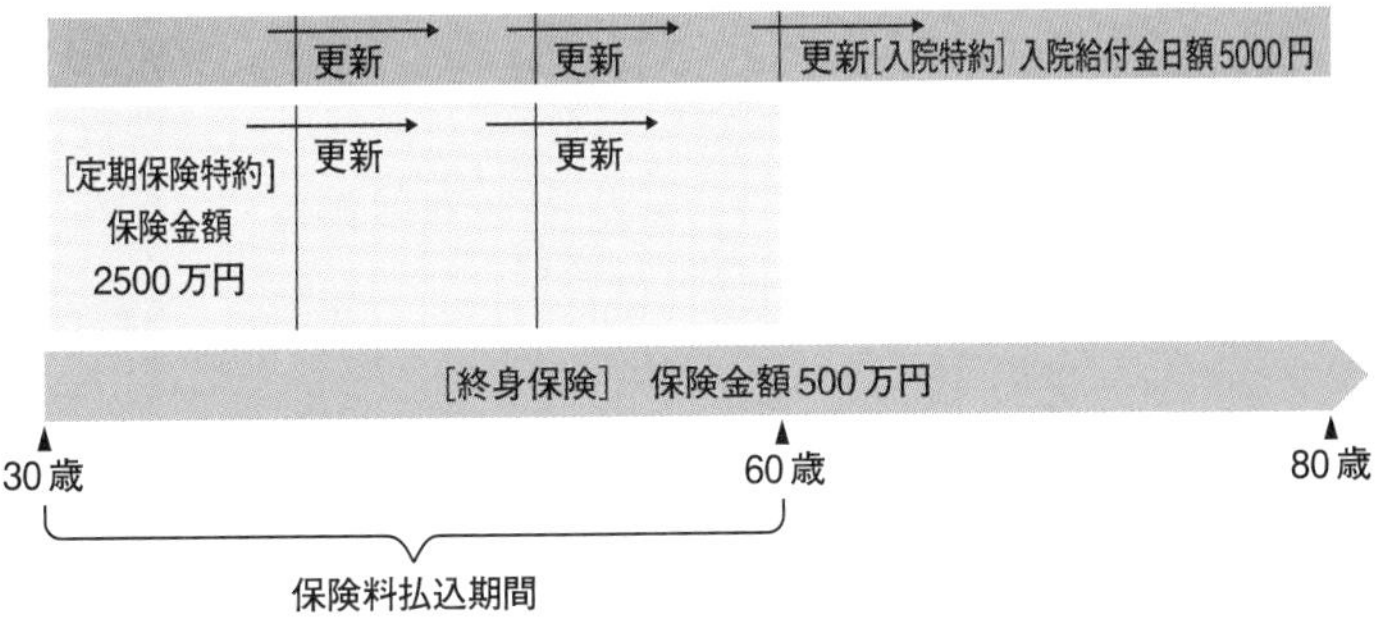

注意点1	10年更新型、15年更新型が主流のため、同じ保障プランで更新すると、更新のたびに保険料負担がアップしてしまう。
注意点2	入院特約は最大80歳まで続けられるが、保険料払込期間の満了時(上図では60歳)に80歳までの保険料を一括払い、もしくは年払いで支払わなければならない。
注意点3	夫の定期付終身保険に妻の医療保障(家族型の入院特約)を付けていると、夫死亡時には保険が消滅するため、妻の医療保障がなくなってしまう。
注意点4	死亡保障(=終身保険+定期保険特約)の大きさに比例して入院給付金日額が決まるしくみのため、たとえば、「入院給付金日額をアップして、定期保険特約の保険金額は減らしたい」といったニーズには対応できない。
注意点5	[終身保険]が"お宝保険"の場合に特約だけ外したいという希望を伝えても、「システム対応していない」という回答が来ることが多い。

しっかりした医療保障が欲しい人にとっては、80歳までしか続けられないし、80歳まで続けるにもまとまった保険料を払う必要があるし、定期保険特約の減額ができないので、使いづらいとの声が多い。

定期保険特約が要らなくなったら、終身医療保険などに入りなおして、この保険は解約、という人も多いよ。

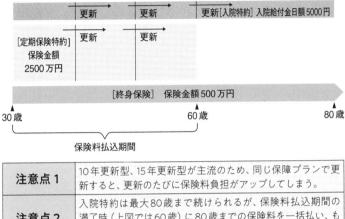

医療保険(Ⅱ)のしくみと見直し

入院日数は年々短期化
1ヵ月以上の入院は難しい状況

もしもの入院時に備えて、医療保険に入ろうと考える人は多いのですが、今は費用対効果がとても悪い状況です。

退院患者の平均在院日数は減りつづけており、がんで17・1日、すべての病気・ケガで29・3日まで短期化してきています。病院の経営的な問題で、診療報酬が2週間や1ヵ月といった段階ごとで効率が悪くなるしくみのため、今は多くのところで1ヵ月以上の入院は敬遠する傾向が強いです。ということは、せっかく医療保険に入っても、それほど長く入院しないという現状があります。

仮に、入院給付金日額5000円の医療保険に、月払保険料5000円で入っていたとしたら、1年間に支払う保険料合計は6万円です。ということは、毎年12日間は入院しないとモトが取れない計算に。**そうは言ってもやっぱり不安という人は、勤め先の団体の保険を中心に検討を。割引が利いて保険料水準も割安**です。

今は入院は短期間で終わる時代

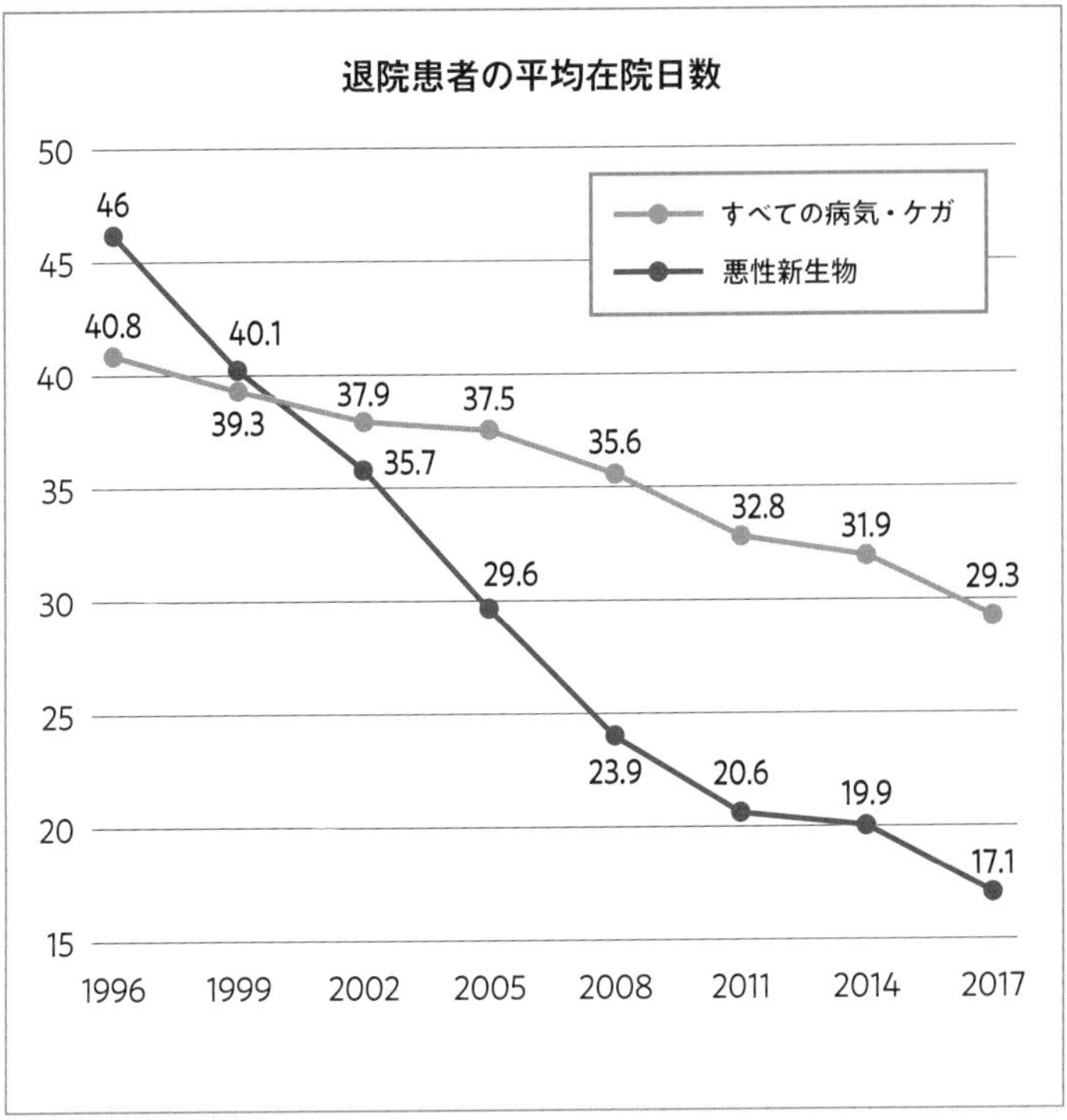

出典：厚生労働省「平成29年　患者調査の概況」

国は医療費を削減したいので、平均在院日数の短縮化の方針を打ち出し中。

14日までは診療報酬に高めの加算がつくけど、15日から30日までは加算が半分に。31日からは加算がなしに。

まさかの入院に備えた医療保険はあまり活躍できなくなっている現実も。

そうは言っても「現在、あまり貯蓄がない」「貯蓄はあるけど使う目的があるお金だからとりくずしたくない」「自営業で入院時には治療費だけでなく収入も下がる」といった人が加入すること自体はかまいません。入院給付金日額は5000円程度を目安に、ご自身の高額療養費（P159）を参考に検討してみてください。

最近は、新商品を販売する際に、これまでの保険での不満を解消するような保障内容の医療保険が相次いで発売されています。以前は5日以上の入院で5日目から入院給付金が受け取れるタイプが主流でしたが、最近は1日目からがほとんどです。保障期間も、以前は80歳までが基本でしたが、最近は一生涯保障の終身医療保険が主流です。入院時に一時金が受け取れるプランも増えています。

医療保険は〝掛け捨てタイプ〟がほとんどで、1日も入院しなければ保険からは1円も受けとれません。安心料として納得がいくプランを吟味しましょう。

医療保険は〝費用対効果〟が大切

会社の団体保険で割安なプランを見たよ！

会社で募集している保険は、募集人（保険のセールスパーソンなど）にお金がかからない分だけ割安！
在職中は断然有利。会社を辞めたあとも続けられるものがあれば、かなりおトク！

最近の保険は、日帰りの入院でもお金がもらえたり、入院時に一時金がもらえたり、いろいろ魅力的なんだよね……

気になるなら、入るのは止めないけど、費用対効果は必ず吟味してみてね。
あと、健康なときに申し込まないと、病気やケガをしてからでは保険会社に加入申込みを断られたり、割増保険料がつくこともあるよ。

要注意！

今の保険をやめて新しい保険に入るつもりなら、まず新しい保険がOKになってから、今の保険を解約するという手順でね！
先に解約しちゃうと、保障切れになっている間にもしものことがあると、後悔しきれないから。

がんの「入院日数無制限」は魅力が低下

よく「2人に1人ががんになる」という話を耳にして、不安になってがん保険に入る人が少なくありません。これは国立がん研究センターの調査で、〝一生涯〟で見た数字で、その割合は約62％です。確かに高い数字に見えますが、〝80歳〟までで見た場合は41％なので、2人に1人というほどではありません。

それに、以前は不治の病で、亡くなるまで入院するイメージがありましたが、今は、がんは治る時代と言われています。**仕事をしている人は、入院せず、抗がん剤などを使って通院でがん治療するケースも増えています。**実際のところ、グラフにあるように、入院よりも通院で治す人が増えています。

入院日数はどうかというと、P169にあるように、悪性新生物（がん）の「退院患者の平均在院日数」は、年々減り続けていて17・1日に。そのため、「入院日数無制限」を謳っていたがん保険の魅力はかなり低くなっている状況です。

がんは通院で治す時代

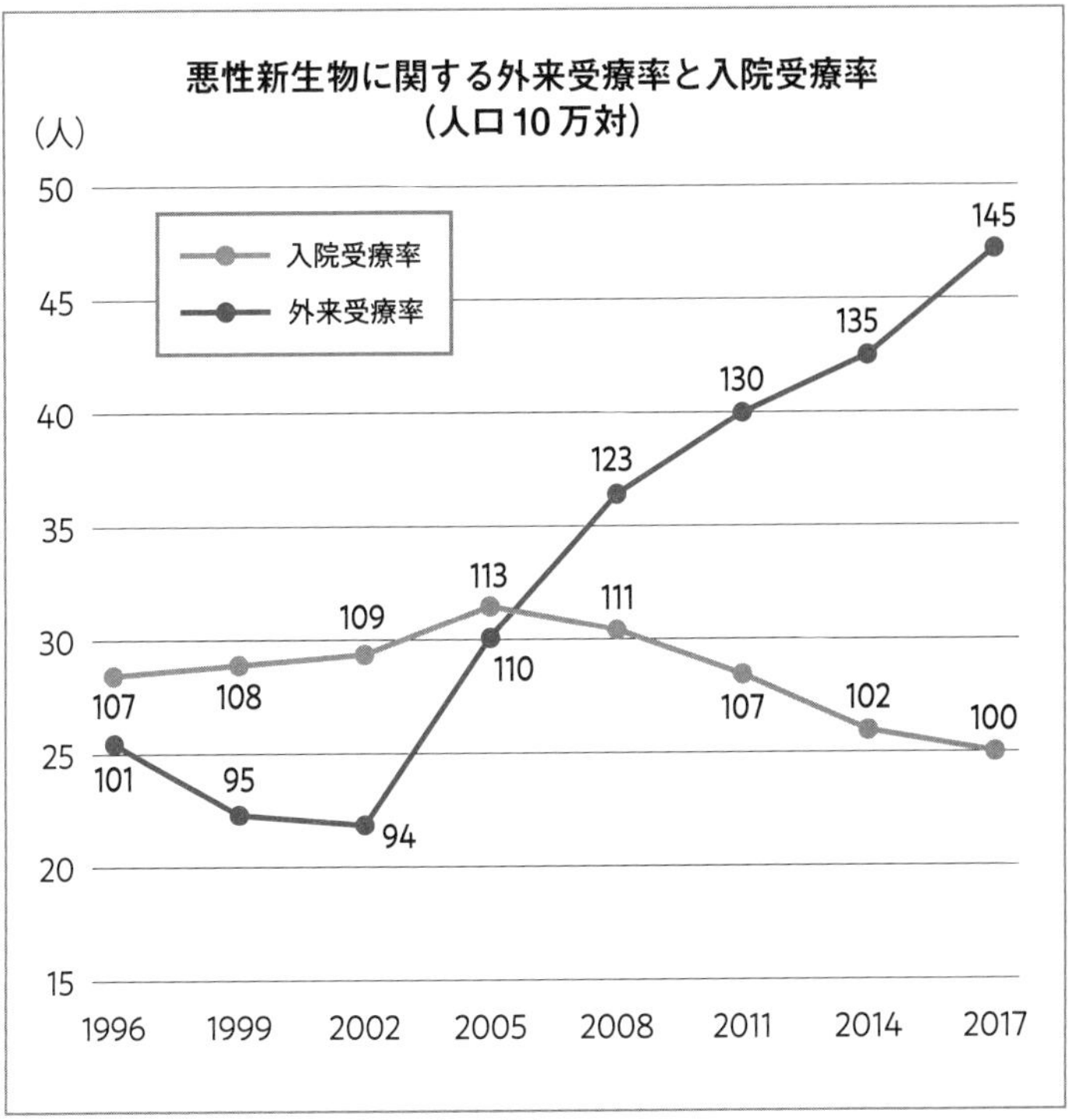

出典：厚生労働省「平成29年　患者調査の概況」

通院治療じゃ、
保険から
お金をもらえない

昔に入ったがん保険は、がん診断給付金を受け取ったあとはあまり役に立たない可能性も。
診断給付金を受け取れるのは1回だけなので、同じ保険料を払い続けるのは、割高かも。

がんが心配な人はがん保険に入るのはもちろんＯＫですが、ひと昔前、とりわけ**２０００年より前にがん保険に入っている人は、保障内容をいったん見直してみるのがおすすめ**です。

理由は、65歳以降の保障額が半額（50％水準になる）というプランが主流だったからです。がん診断給付金１００万円が50万円に、入院給付金日額1万５０００円が７５００円になるのでは、同じ保険料を払い続けるのに不条理な気がしますよね。

契約しているがん保険がこの手のプランであった場合は、今のうちに新しいタイプのがん保険に契約したほうが安心かもしれません。診断一時金が複数回もらえたり、通院治療をしっかりカバーしたプランや先進医療特約が標準装備など、がん治療の最新トレンドに合わせた保障内容のプランが目白押しです。医療保険にはないがん保険ならではの付帯サービスにも注目を。

がん保険は治療法に合わせて進化

【がん保険】

	～2000年	2001～2010年	2011～2020年
診断一時金のもらえる回数	1回限り	再発でも受けとれる（複数回）	
上皮内ガンの保障	補償対象外	上皮内ガンでも保障あり	
入院保障中心 or 通院保障中心	入院保障が中心		通院保障や収入ダウンに配慮したプラン
「先進医療特約」の保障の有無	「高度先進医療」の保障がつけられるプランもいくつかあった		がんに関わる「先進医療特約」が標準装備

※業界の主流のイメージ図

最近の【がん保険】は、セカンドオピニオンサービスや、医療情報サービス、心理カウンセリング的なサービスが充実！

個人で利用すると数万円ほどの会費が求められる専門的なサービスを、無料で使える！

各社で差があるので、がん保険に入るなら比較検討がおすすめ。

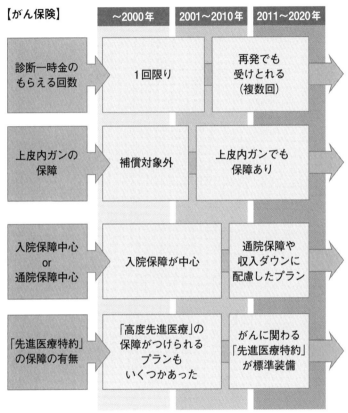

就業不能保険・所得補償保険（III）のしくみと見直し

待機期間か保障（補償）期間か、自分に合うプラン選びが大事

今、病気やケガで働けなくなったときにも月給のようにお金が受け取れる保険が人気です。住宅ローンを組んでいる人、自営業者、特にシングルの人に関心が高く、**シングルの人にとっては生命保険よりも優先順位が高い保険**と言えそうです。生命保険会社の「就業不能保険」と損害保険会社の「所得補償保険」があります。

いずれも、就業不能状態になってから給付の対象となるまで、一定の待機期間が定められていますが、就業不能保険の待機期間は「60日」が主流なので、「7日」など短い待機期間ですぐに給付が受け取れる所得補償保険は、自営業者に人気です。

所得補償保険で給付が受けられる期間は1～2年程度。代わりに、就業不能保険は保障期間が「60歳」「65歳」までとロング保障。住宅ローンを組む人やシングルの人に人気です。自分ひとりで長く働きながら家計をやりくりしていく予定なら、前向きに検討しておきたい保険です。

働けなくなったときの保険

【就業不能保険】

取扱い保険会社	生命保険会社
待機期間	60日が主流
保障期間	「60歳まで」「65歳まで」などのプランが主流

住宅ローンを組んでいる人や、
シングルの人に人気。
待機期間が60日なのは、医療保険(1入院60日プラン)とセットで販売したいから。

【所得補償保険】

取扱い保険会社	損害保険会社
待機期間	7日が主流
保障期間	1年または2年が主流

新型コロナウイルスやインフルエンザでも給付を受けられる可能性大。

おひとりさまは加入できない可能性も

最近、新商品の発売が相次いでいる保険に「認知症保険」があります。ただ、よく考えてみれば、昔から発売されている民間の「介護保険」は寝たきり&認知症をカバーする保険なので「介護保険」のほうが保障範囲は広いです。けれども、民間の「介護保険」では保険金の支払い対象となる〝要介護度〟が、要介護2～3程度のところが主流です。一方「認知症保険」では要介護1～2程度もしくは前段階のMCI（軽度認知障害）と診断されれば保険金が支払われるところもあり、この給付金受け取りの可能性の高さが認知症保険の人気の秘密となっています。

ただし、**おひとりさまは、じつは認知症保険には入れない可能性大**。なぜなら、親世代の申込時には子どもなどを受取人にするよう求められるからです。本人が認知症と判断されたときは保険金請求も難しいと考えられるため、仕方ないです。自分で給付金を使えるかどうかを考えてみると、自然と優先順位は低くなりそうです。

〝認知症〟に備える保険

【民間介護保険】

取扱い保険会社	生命保険会社・損害保険会社・共済など
給付金がもらえる要件	公的介護保険の要介護2～3程度の要介護状態になったときに受け取れるプランが主流
受取方法	「一時金」「年金」「一時金＆年金」など各社でバリエーションあり

公的介護保険が始まったのは2000年。以来、介護保険と言えば、公的介護保険のことを指すように。
保険会社が扱う介護保険は1980年代から販売されているけど、2000年に公的介護保険が登場してからは〝民間介護保険〟と呼ばれるようになったよ。

【認知症保険】

取扱い保険会社	生命保険会社・損害保険会社など
給付金がもらえる要件	公的介護保険の要介護1～2程度の要介護状態になったときに受け取れるプランが主流。医者の「認知症による要介護」といった一筆が必要なところも。
受取方法	「一時金」が主流

認知症保険は子ども世代を受取人に指定することを求められるので、おひとりさまだと加入できない可能性大。民間介護保険のほうは、そこまで厳密ではないので、検討するなら民間介護保険のほうが無難かも。

賃貸暮らしは火災保険（家財）への加入必須

火災保険(VI)・地震保険(VII)のしくみと見直し

「住まいの保険」はじつは、どういう保険なのかをよくわかっていない人が、大半です。というのは、賃貸暮らしのときは大家から半強制的に「家財」の火災保険に入ることを求められ、持ち家の場合は住宅ローンを組む際に「建物」の火災保険に入ることを要求されますので、言われるがままに入っている人がほとんどだからです。加入を求められるのには理由があります。

火災保険は「建物」と「家財」の2つの保険がありますが、賃貸暮らしの人であれば、「建物」は大家が入るので「家財」の火災保険に入るように言われます。ただし、それは**大家が家財の損害を気にかけてくれているわけではなく、付けてほしい「借家人賠償責任特約」の土台として「火災保険（家財）」が必要だから**です。

住まいの補償としてはもう一つ「地震保険」がありますが、普通の暮らしをしている賃貸暮らしの人の場合は「地震保険」に入る優先順位は低いと言えます。

住まいの保険の入り方

【民間介護保険】

	保険の「目的」	
	建物	家財
賃貸暮らし	▶火災保険 → 不要 ▶地震保険 → 不要 ※いずれも大家が契約	▶火災保険 → 必要（必須加入） ▶地震保険 → 原則不要※ ※高価な家具・家電がある場合は契約しても
持ち家	▶火災保険 → 必要（必須加入） ▶地震保険 → 付けたほうが安心※ ※マンションの場合は管理組合の保険を確認	▶火災保険 → 付けたほうが安心※ ▶地震保険 → 付けたほうが安心※ ※修繕・建て直しの軍資金として契約しても

【賃貸暮らしの火災保険は３点セット】

借家人賠償責任特約
火災や爆発、漏水などによって借りている部屋に損害を与えてしまったときに、原状回復するための費用を補償。

個人賠償責任特約
「飼い犬が他人にかみついた」「蛇口が壊れて階下の家に迷惑をかけた」「火災で隣家に損害を与えた」「自転車事故で他人にけがを負わせた」など、日常生活上のトラブルを補償。

火災保険（家財）
火災や台風などで、所有する家電、家具などが被った損害を補償。

「火災保険」って名前だけど、火災だけじゃなく、水災などもカバーしているよ。ニックネームで「住まいの保険」と名づけている保険会社が多いよ。

自賠責保険の未加入は一発免停に

ハンドルを握るなら、クルマの保険への加入は必須です。一般的には自動車保険と言いますが、自動車保険（広義）には2つあり、強制的に加入を求められる「自賠責保険」と、任意加入の「自動車保険」があります。

「自賠責保険」（共済団体で入る場合は自賠責共済）に未加入で運転した場合は、たとえ事故を起こさなくても、違反点数6点で一発免停となり、1年以下の懲役または50万円以下の罰金が課せられます。**自賠責保険（共済）の証明書を検問などのときたまたま持っていなかっただけでも、30万円以下の罰金**が科せられます。

さて、「自賠責保険」に入っていると、事故を起こして他人を死傷させた場合に保険金がおります。事故相手を死亡させた場合は最高3000万円、後遺障害を負わせた場合は障害の程度によって最高4000万円、傷害を負わせた場合は最高120万円が被害者に対して支払われます。

車の保険の必要性

【自動車につける保険は2種類】

強制保険の
自賠責保険
任意保険の
自動車保険

【自賠責保険をつけないで運転すると……】

※たとえ事故を起こさなくても、以下の罰則が適用される

行政罰	違反点数6点 → 即座に免許停止処分！
刑事罰	1年以下の懲役または 50万円以下の罰金

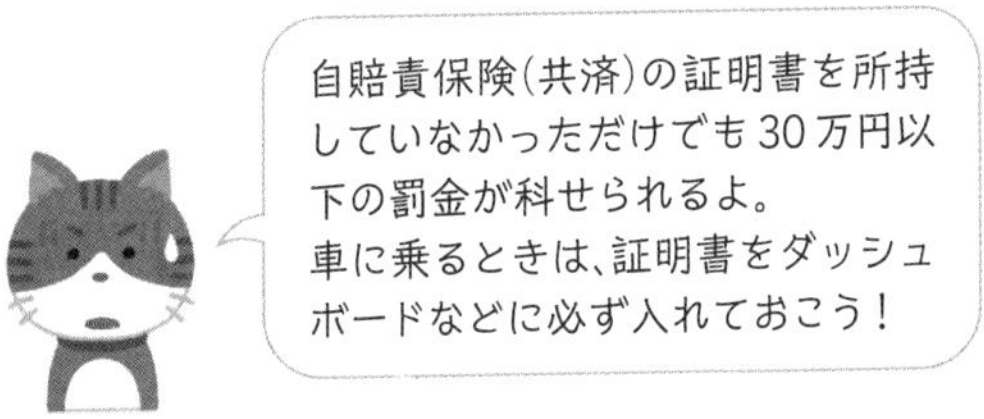
自賠責保険(共済)の証明書を所持していなかっただけでも30万円以下の罰金が科せられるよ。
車に乗るときは、証明書をダッシュボードなどに必ず入れておこう！

自動車は〝走る凶器〟と呼ばれるほどに、事故を起こすと大きな被害が出ます。高額な賠償例は左表の通りで、とても前述の「自賠責保険」だけではカバーできる額ではありません。**事故を起こすと、人生が破綻しかねない危険性が高いです。事故は自分では起こすつもりがなくても、巻きこまれてしまうことはよくあります。**

そこで、任意加入の「自動車保険」に加入して、高額な賠償事故に備える人が大半です。よく考えてみると「自賠責保険」の守備範囲は対人賠償だけなので、事故相手の車や物を壊した際の損害賠償責任をカバーするには、自動車保険のうちの「対物賠償保険」に入って備えるしかありません。

また、「自動車保険」への加入率は7割程度なので、事故相手の4人に1人は入っていない可能性も。自分がけがをして相手から十分な賠償を受けられない際にも、自分で入った「自動車保険」の傷害補償から保険金を受け取れます。

高額判決例と自動車保険の守備範囲

【人身事故】

認定 総損害額	裁判所	被害者 性・年齢	被害者 職業	被害 態様
5億2853万円	横浜地裁	男41歳	眼科開業医	死亡
4億5381万円	札幌地裁	男30歳	公務員	後遺障害
4億5375万円	横浜地裁	男50歳	コンサルタント	後遺障害
4億3961万円	鹿児島地裁	女58歳	専門学校教諭	後遺障害
3億9725万円	横浜地裁	男21歳	大学生	後遺障害

【物損事故】

認定 総損害額	裁判所	被害物件
2億6135万円	神戸地裁	積荷（呉服・洋服・毛皮）
1億3450万円	東京地裁	店舗（パチンコ店）
1億2036万円	福岡地裁	電車・線路・家屋
1億1798万円	大阪地裁	トレーラー
1億1347万円	千葉地裁	電車

出典：損害保険料率算出機構「2019年　自動車事故の概況」

【自賠責保険と自動車保険の守備範囲】

	死傷	財物
相手への賠償	相手を死傷させた 自賠責保険 対人賠償保険	相手の財物を壊した 対物賠償保険
自分への補償	自分や搭乗者が死傷した 人身傷害補償保険 搭乗者傷害保険 自損事故保険 無保険車傷害保険	自分の車が壊れた 車両保険

保険で困ったときの相談窓口

保険はトラブルも多く相談先が充実している

保険はとても難しいものなので、よくわからないことも多く、トラブルも少なくありません。「知らないうちに親がよくわからない保険に契約させられていた」といった相談は、消費生活センターに数多く寄せられています。

保険商品については契約時の担当者や担当の支社などが保険証券に記載されているので、現在契約している内容についてわからなければ記載の連絡先に相談すれば教えてくれます。保険の保障内容を変更したいときなどに**担当者などとの意思疎通がうまくいかない場合は、本社の「お客さま窓口」に連絡するのも一策**です。

自動車事故などでは、過失割合（事故の当事者でどちらにどれくらい過失があったか）でもめることも多いので、相談センターが多数用意されています。罹災時に保険証券や通帳が見つからず、契約先の保険会社がハッキリしない場合は、災害救助法の適用地域等であれば、全社に問い合わせてもらえる窓口があります。

保険の〝困りごと〟相談先

消費者相談	全国の消費者センター等	消費生活センター等では、商品やサービス（保険商品を含む）など消費生活全般に関する苦情や問合せなど、消費者からの相談を専門の相談員が受け付け、公正な立場で処理にあたっている。 【消費者ホットライン】局番なしの188→日本全国のお近くの消費生活相談窓口を案内
生命保険	生命保険会社の本社「お客様窓口」	生命保険会社では、お客様相談窓口を設置している。営業職員や代理店とのやりとりで解決できない場合などは、加入先の生命保険会社の本社相談窓口に相談を。 【詳細・一覧】https://www.seiho.or.jp/member/list/
	一般社団法人 生命保険協会 「生命保険相談所」	生命保険に関するさまざまな相談や照会、苦情を受け付けている。 【受付時間】9:00～17:00（土・日・祝日、年末年始を除く）【電話での相談】03-3286-2648【来訪での相談】来訪でのご相談（16：00までに来訪要）〒100-0005　東京都千代田区丸の内3-4-1 新国際ビル3階（生命保険協会内）
		全国50ヵ所にある地方事務室でも、相談可。 【詳細・一覧】https://www.seiho.or.jp/contact/about/list/
損害保険	損害保険会社の本社「お客様窓口」	損害保険会社では、お客様相談窓口のフリーダイヤル等を設置している。代理店とのやりとりで解決できない場合などは、加入先の損害保険会社の本社相談窓口に相談を。 【詳細・一覧】https://www.sonpo.or.jp/soudan/reference.html
	一般社団法人 日本損害保険協会 「そんぽＡＤＲセンター」	交通事故に関する相談・その他損害保険に関する相談を受け付けている。【受付時間】月～金の9:15～17:00（祝日・休日および12/30～1/4を除く）【電話での相談】0570-022808【詳細・IP電話からの直通電話一覧】https://www.sonpo.or.jp/soudan/index.html
	一般社団法人 日本損害保険協会 「自然災害等損保契約紹介センター」	災害救助法が適用された地域または金融庁国民保護計画に基づく対応要請があった地域で、家屋等の流失・焼失等により損害保険会社との保険契約に関する手掛かりを失った人に関する契約照会に応じる。提供された情報を、日本損害保険協会の会員会社全社に連絡し、各社は契約の有無に関する調査を行う。【受付時間】月～金の9:15～17:00（祝日・年末年始を除く）【電話での相談】0120-501331
	一般社団法人 保険オンブズマン	日本損害保険協会に加盟していない損害保険会社（外国保険会社など）の保険商品、サービス、事業活動等についての問題を当事者間で解決できない場合に、解決の申立てを行える。 【詳細】https://www.hoken-ombs.or.jp/
	交通事故の賠償問題に関する紛争解決（そんぽADRセンターでの解決手続きのほかの紛争解決機関）	・公益財団法人　交通事故紛争処理センター http://www.jcstad.or.jp/ ・一般財団法人　自賠責保険・共済紛争処理機構 http://www.jibai-adr.or.jp/ ・公益財団法人　日弁連交通事故相談センター https://n-tacc.or.jp/

※2020年12月現在の情報です。

コラム 4

「自転車保険」の正体は [傷害保険]と[個人賠償責任保険](X)のセット商品

最近、日本全国のあちこちで「自転車保険」の法制化が進んでいます。自転車整備の際や何かの折りに、ちゃんと入っているかどうかを確認されます。

とはいっても「自転車保険」という名前の保険に入っていないとダメ、というわけではありません。通称「自転車保険」は、[傷害保険] に [個人賠償責任保険] を特約の形でくっつけたしくみの保険です。[傷害保険] は自分がケガをした際の治療費などをカバーする保険ですが、法制化で求められているのは、ぶつかった際に事故相手への賠償責任をカバーできる保険に入ったうえで運転するということ。つまり [個人賠償責任保険] に入っていることを求めているのです。自転車保険に入っているかどうかを聞かれた場合には [個人賠償責任保険] に入っている旨を伝えればＯＫ、というわけです。

なお、この [個人賠償責任保険] は、傷害保険だけでなく火災保険や自動車保険などさまざまな損害保険に特約で入っているケースが多いです。というのは、この保険はとても掛金が安いために単品ではあまり売られていないからです。

たとえば、賃貸暮らしで火災保険（家財）に入っている人は「個人賠償責任保険」が特約で付いている可能性大（P180）。一度、手元にある火災保険や自動車保険、共済契約などの保険証券・共済証券を確認してみてはいかがでしょうか。

第5章
「葬儀・お墓」を整える

臨終後の流れを知っておこう

ひとりで家族の看取りをする人が知っておきたいこと

「ひとりっ子で親を看取る」「DINKSで夫に先だたれる」など、家族で自分だけが遺されたとき、故人に関わるさまざまな手続きを〝ひとり〟で担う場合があります。平時のうちに、事務的な手続きの段取りを頭に入れておくと安心です。

見送ることになる人の病状が「そろそろ」と思ったら、できることから早めに始めておくのがおすすめです。たとえば、エンディングノートの存在を確認したり、遺影候補の写真を探しておいたり、交友関係を把握しておいたり、葬儀・葬式その他でかかる現金をどう捻出するかなどをイメージしておくことが大事です。

臨終後は、末期の水や死後措置（死亡直後に全身をきれいにぬぐう）などを行い、医師から死亡診断書を受け取ります（自宅など病院以外の場所で亡くなった場合には主治医を呼びます）。**死亡診断書は、この後のさまざまな手続きに必要になるため、必ずなくさないように保管し、何枚かコピーをとっておく**ことが大事です。

自分が喪主になるなら考えておきたいこと

【「もしかしたら」「そろそろ」と思ったら】

- □ 遺影候補の写真を探しておく
- □ 遺体の安置場所を探しておく
- □ 葬儀参列者の大まかな人数を把握しておく
- □ 葬儀の会場をどこにするか、決めておく
- □ 葬儀費用の概算をつかみ、捻出方法も心づもりしておく
- □ 家族、親類、友人などの連絡先を把握しておく
- □ エンディングノートなどの確認（本人の希望する葬儀の形や遺影の希望などが書かれている場合が多い）

↓

【臨終】

- □ 死亡診断書の受け取り
- □ 遺体を安置場所へ移動（病室には置いておけない）

↓

【臨終後、遺族で行うこと】

- □ 喪主を決める
- □ 葬儀内容を決める（宗派、予算、日程など）
- □ 宗教関係者へ連絡（菩提寺がある場合）
- □ 葬儀社を選ぶ（費用をだれが立て替えるかも含む）
- □ 死亡連絡先の確認（連絡の順番など）
- □ 遺影写真の選定
- □ すぐ必要な現金の手配（僧侶へのお布施・交通費など）

↓

【葬儀社と打ち合わせなど】

病院で臨終となると、出入りの葬儀社が近寄ってきて「葬儀社はお決まりですか」と話しかけてくることも多いです。〝葬儀社に支払う料金はどこもそれほど変わらない〟と思って、そのまま提案されるプランで依頼する人も少なくありませんが、かかる費用は葬儀社によって数十万円もの大きな差があります。

そのため、本人が生前に互助会に入っていることも多いのですが、遺族がそのことを知らず、ほかの葬儀社に依頼してしまい、互助会に払っていたお金がムダになったというケースも散見しますので留意しておきましょう。

さて、**葬儀前に重要なことは、「死亡届」と「埋火葬許可申請」を葬儀前までに済ませること**です。なぜなら、葬儀後遺体を火葬場に運んで火葬する流れになる際に、埋火葬許可証がないと埋葬・火葬を行えないからです。

執行印が押された火葬許可証は、遺骨をお墓に納めるとき必要になります。

家族が亡くなったらやること

【葬儀社との打ち合わせなど】

□ 葬儀プラン・日程などを決める

□ 枕経（僧侶を呼んでお経をあげてもらう）

【葬儀までに済ませること】

□ 死亡届の提出

□ 埋火葬許可申請書の提出

・提出先は、故人が死亡した場所、故人の本籍地、届出人の所在地のいずれかの市区町村役場窓口。

・届出人の署名は親族が行う必要がある。ただし、提出は親族でなくてもOKなので、葬儀社が提出の代行をしてくれることも多い。

【火葬前後ですること】

□ 火葬許可証の受け取り（火葬を行う際に必要）

□ 火葬終了後、火葬許可証に火葬執行の印をもらい、遺骨を受け取る（埋葬に必要）

納骨と法要・お墓

仏教やキリスト教、神道で異なる宗教的儀式

お墓がある場合もない場合も、遺骨はいったん、自宅に持ち帰ります。納骨する時期にルールはありませんが、四十九日の法要に合わせるのが一般的です。

キリスト教では追悼ミサや記念式の後に、神道の場合は五十日祭の後に納骨します。気持ちの整理がつかないという人の場合や、お墓をこれからつくるという場合は数ヵ月かかるため、一周忌までは自宅に置くという人もいます。

今は、散骨や自宅供養、納骨堂、樹木葬などさまざまな選択肢がありますが、お墓に納骨する場合は納骨の時期や場所を決めて納骨式の準備も必要です。四十九日の法要や一周忌の法要と同時にする場合も、お寺に連絡をし、読経をお願いすることに。お布施、塔婆がかかる場合の費用や、会食、お車代などで数万円かかります。

戒名や名前を彫ってもらうのにも時間と数万円がかかります。納骨時には、埋葬許可書（火葬後の火葬許可書に必要項目を記入したもの）が必要です。

葬儀後に行う法事・法要

【仏教の法要】

初七日法要	この世とあの世の堺にある三途の川のほとりに到着する日で、このときの裁きで急流か緩流が決まる大切な日のこと。最近は遠方の親戚や知人に初七日に再び訪問してもらうのは大変という理由で、葬儀当日、還骨法要と一緒に行うことも多い。
四十九日法要	来世の行先が決まる最も大切な日とされており、遺族や親族を招いて法要を営む。四十九日の裁きが終わると、故人の魂はこの世を離れ、遺族は「忌明け」として日常生活に戻る。お墓のある場合は、この日に納骨することが多い。読経、焼香のあとは会食となるのが一般的。
百か日法要	故人の命日から(命日も含めて)100日目に執り行う法要。これまでと同様に僧侶の読経、焼香後に会食することが多い。葬儀に際して香典や供物をいただいた方々へのお礼の挨拶と香典返しは、百か日法要までに済ませておく。

【キリスト教の場合】

プロテスタントの場合、亡くなってから7日目、10日目、1ヵ月目のどれかに記念式を教会か自宅で行う。
カトリックの場合、亡くなってから3日目、7日目、30日目に追悼ミサを行う。

【神道の場合】

神道の場合、葬儀の翌日に自宅で翌日祭を行う。
亡くなった日から10日目ごとに十日祭、二十日祭、三十日祭、四十日祭を行い、五十日祭をもって、忌明けとなる。

故人に関わる死後の手続き

細々とした作業が山積み
「社会保険」は特に要注意

人がひとり亡くなるということは、その人に関わる年金や社会保険、税金などの手続きが必要になります。住民票の手続きのほか、健康保険、年金、介護保険なども時間を区切って手続きすることを求められます。いずれも、**死亡後、速やかな手続きを求めるものばかりで、死亡後14日以内の期限があるものも多い**です。

基本的に市区町村役場は平日に開いているものなので、平日に仕事をしている場合は必要な手続きを把握し、効率的に有給休暇を使って処理することが大切です。

専業主婦などで夫の扶養に入っていたものの、夫が亡くなったという場合は、夫の社会保険には入れなくなるため、自分の国民健康保険への加入手続きが必要に。同様に、それまで夫の厚生年金保険の第三号被保険者だったとしても、今後は国民年金の第一号被保険者になるため、自分で国民年金に入る必要も。左の表の亡くなった夫関連の手続きとは別に必要な手続きとなりますので、留意しておきましょう。

年金・社会保険等の手続き

□住民票の抹消届 □世帯主変更届	死亡すると住民票から消除する手続きが必要だが、死亡届の提出により自動的に処理されるのが通常。故人が世帯主であった場合は、世帯主変更届の提出が必要。	死亡日から14日以内(市区町村役場)
□健康保険証の返還手続き	故人の加入先の健康保険に、健康保険証を返還する。故人が70歳までの場合、亡くなる前の医療費の自己負担額が高額になった場合、高額療養費の申請をすれば一定の自己負担限度額を超えた分が払い戻されるので確認する(死後申請も可)。70歳以上は、医療費が高額になった場合は上限額までで窓口負担がおさまるしくみのため、高額療養費の対象にはならない。	国民健康保険：死亡日から14日以内(住所地の市区町村役場)・健康保険：死亡日から14日以内(故人の勤め先の会社)
□遺族年金の受給申請	故人の加入している年金により、遺族が受け取れる遺族年金が異なるため、どの年金が受給できるか確認の上で手続きする。国民年金を3年以上払い続けた人の遺族で、遺族基礎年金、寡婦年金の受給資格がない場合は、国民年金の死亡一時金を請求できる(住所地の市区町村役場、年金事務所および街角の年金相談センターの窓口)。	死亡後、速やかに(市区町村や年金事務所)
□故人の年金受給の停止・未支給年金の請求	故人がすでに年金を受給していた場合、給付をストップする手続きが必要。手続きが遅れて死亡後も支払われていたら、その分を返還しなければならない。	国民年金：死亡日から14日以内(住所地の市区町村役場)・厚生年金保険：死亡日から10日以内(社会保険事務所など)
□介護保険資格喪失届	故人が、65歳以上または40歳以上65歳未満で要介護認定を受けていた場合、介護被保険者証を返還し、介護保険利用停止の届け出を行う必要がある。	死亡日から14日以内(市区町村役場)
□雇用保険受給資格者証の返還	故人が死亡時に雇用保険の"失業手当"を受給していた場合、手続きが必要。未支給分の請求が可能。	死亡日から6ヵ月以内(受給先のハローワーク)
□死亡退職金	故人が在職中だった場合、勤務先から死亡退職金を受け取れることがある。会社規定によるため、詳細は問い合わせが必要。	死亡後、速やかに(故人の勤務先)

これまであまり気にかけていなかった故人に関わるお金まわりの手続きが、遺族にのしかかってくるのは、正直言えばつらいところです。本来なら故人が行う確定申告（年末調整）による所得税の手続きを4ヵ月以内に代わりにしなければならなかったり（準確定申告）、故人が契約していた保険について名義変更や解約手続きが必要になることも。また、故人の**死亡の事実を銀行がわかりしだい、故人の銀行口座は凍結されてしまう**ので、口座から引き落とされる性質のお金はストップすることが重要になります。

住宅ローンを返済中の場合は、できるだけ速やかに融資元の金融機関に連絡を。団体信用生命保険に入っている場合は、以後の住宅ローンの引き落としがなくなります。生命保険や入院給付金、共済金など、故人が入っていたものがあれば、請求手続きをすれば保険金・給付金（共済金）が受け取れて、家計に潤いが出ます。

納税や給付金など

□所得税の準確定申告、納税	故人の死亡した年の所得税の納税・申告を、相続人が行う必要あり。	相続があることを知った日から4ヵ月以内（故人の住所地の税務署）
□保険の名義変更	火災保険など、故人が契約した保険で、遺族が引き続き必要なものは、契約者変更が必要。故人がひとり暮らしで継続不要であれば解約手続きをする。生命保険でそのまま継続を希望するもの（たとえば、夫がかけていた妻の個人年金について、夫死亡後も妻が続ける場合など）は契約者変更・引き落とし口座変更の手続きが必要。	死亡日から3年以内（契約先の保険会社・共済等）
□生命保険（共済等）への請求	故人が生命保険や共済などに加入していた場合、請求すれば生命保険金（共済金）が受け取れる。医療保険に加入していた場合、亡くなる前に病院に入院していると医療保険の入院給付金が受け取れるが、請求漏れが多いので注意。	死亡日から3年以内（契約先の保険会社・共済等）
□埋葬料の請求（社会保険） □葬祭費の請求（国民健康保険）	故人の加入先の健康保険から、葬儀に関わる給付があるので請求する。故人の健康保険証を返還する際に一緒に手続きするのがおすすめ。	死亡日から2年以内（社会保険：個人の勤務先または社会保険事務所・国民健康保険：市区町村役場）
□団体弔慰金	故人が所属していた共済、協会、サークル、互助会などから弔慰金が出る場合がある。団体の規定などを確認のこと。	速やかに（故人が所属していた団体等）
□住宅ローン	故人が住宅ローンを返済中で、団体信用生命保険に加入していれば、手続きをすれば以後の住宅ローン返済がストップする。団体信用生命保険に加入していない場合は、今後の返済について連絡する。（そのままにしておくと、故人の銀行口座が凍結されるため、返済困難に）	速やかに（借入先の金融機関）
□クレジットカードの解約	故人名義でのクレジットカードをそのままにしておくと年会費などの引き落としがされるので、解約の手続きをする。	速やかに（各クレジットカード会社）

もっと悩ましいのは、ほかの遺族と財産を分ける手続きがあるときです。もしも**公証役場と法務局以外に遺言書があった場合には、家庭裁判所での「検認」をするよう、法律で定められています。**遺言書の存在を確認し、形状、状態、日付、署名を確認し、偽造や変造を防ぐための手続きで、検認前に勝手に開封してしまった場合には5万円以下の過料（行政罰）が科される可能性があるので要注意です。

自分のほかに遺族がいるときは遺産分割協議を行い、相続税がかかる場合には、10ヵ月以内に相続税の申告・納税を行う流れです。故人の財産については、相続人が確定した後で名義変更を行います。

水道光熱費などの日々のインフラについての名義変更のほかにも、パスポートや運転免許証の返納、そのほかのもろもろの会の脱退など、細々とした手続きにしばらく追われることになります。

相続、名義の変更、停止などの手続き

□遺言書の検認	遺言者が死亡したら、その遺言者の自筆証書遺言を保管している人、発見した人は、遅滞なく家庭裁判所で検認を受けなければならない。	速やかに（遺言者の住所地の家庭裁判所）
□相続放棄	相続人が故人の財産及び債務について一切の財産を相続しない場合に手続きする。	相続開始後3ヵ月以内（家庭裁判所）
□限定承認	相続財産の範囲内でのみ、借金を返すということを条件にして相続を承認する手続き。相続人全員が合意して共同で行う必要がある。	相続開始後3ヵ月以内（家庭裁判所）
□相続税の申告・納付	故人の遺産に対して相続税がかかる場合には、相続人全員が相続税の申告・納付が必要。相続人1人1人が実際に取得した財産に対して相続税が算出されるため、申告期限（10ヵ月）までに遺産分割協議が相続人の間で整っていることが大前提。	相続開始を知った日から10ヵ月以内（住所地の税務署）
□銀行口座の名義変更	故人名義の預貯金口座は、死亡届が受理された直後から相続が確定するまで事実上凍結される。遺言書や遺産分割協議によって相続人が確定したら、口座の名義人を相続人に変更。	相続確定後、速やかに（各金融機関）
□株式の名義変更	故人名義の株式は、死亡届が受理された直後から売買できない。遺言書や遺産分割協議によって相続人が確定したら、口座の名義人を相続人に変更。	相続確定後、速やかに（証券会社または株式発行法人）
□不動産の名義変更	故人名義の不動産について、遺言書や遺産分割協議によって相続人が確定したら、名義人を相続人に変更。	（不動産がある場所を管轄する法務局）
□自動車の名義変更	車は、売却するにせよ廃車するにせよ、一部の例外を除いて相続人の誰かがいったん相続する必要がある。	所有者が変わってから15日以内（新しい所有者の住所を管轄する陸運局支局）
□加入電話 □携帯電話 □電気・ガス・水道 □ＮＨＫ	故人が契約者となっている電話、水道光熱費、ＮＨＫなどは、故人が一人暮らしだった場合は利用停止手続きを、同居していた場合は名義変更、引き落とし口座の変更手続きが必要。	速やかに（各事業者）
□パスポート	死亡後、速やかに	都道府県旅券課
□運転免許証	死亡後、速やかに	最寄りの警察署
□その他の退会手続き	ＪＡＦ、デパート会員証、フィットネスクラブ、リース契約などの会費がかかることがあるので、早めに退会連絡を。	各団体

故人の銀行口座は凍結されるって本当？

凍結されますが2019年から 150万円まで引き出しOKに

じつは、口座名義人が死亡した事実を知ると、だれが預金を相続するか決まるまで、つまり遺産分割協議が終了するまでは、銀行は口座を凍結します（預金の引き出しに応じない状態のこと）。遺産は、被相続人が亡くなった時点で相続人全員の共有となりますので、相続人のだれかが勝手に預貯金を引き出したり、口座の名義を変更したりするのを防ぐためです。

とはいえ、葬儀費用をはじめ、入院費の支払いなどで故人関係の出費はどんどん膨らむので、その立て替えでトラブルになることはこれまでもたくさんありました。

そのため、**2019年7月1日から、法改正されて、今現在は、遺産分割が終わる前でも直接金融機関から預貯金のうち一部を引き出せる**ようになっています。所定の計算式に基づき、上限150万円まで引き出せるようになっています。

被相続人（故人）の口座は凍結される

入金・引き出しはできない。
口座振替も不可。

・被相続人が亡くなり、相続が始まると、遺産分割協議が終わるまで故人の預金口座が凍結されてしまう。
・口座からお金を引き出すことも入金することも一切できなくなるため、電話代や電気料金などの口座振替だけでなく、生活費なども引き出せなくなる。
・ローンがあった場合には、ローンの返済が滞り、遺産分割協議が終わって口座の凍結が解除されるまでのあいだ、本来の利息よりも高い利息を支払わなければならないことにもなりかねない。

【払い戻しできる額の計算式（金融機関ごと）】

相続時の預貯金額 ×1/3× 相続人の法定相続分

父が死亡したときの預貯金額が
1500万円だったとすると

1500万円　×　1/3　×　法定相続分（1/2）
=250万円

250万円　>　上限150万円

のため、150万円まで払い戻せる。

いないと思っていた相続人は甥・姪の中にいることも

子がなくて配偶者に先立たれた人や独身の人など、いわゆる〝おひとりさま〟として旅立つ側ならどうなるのでしょうか。

親または祖父母が健在であれば、本人（おひとりさま）の遺産のすべてが相続されます。このとき、兄弟姉妹が健在の状況であっても、法定相続の順位は直系尊属のほうが上なので、兄弟姉妹には財産は引き継がれません。兄弟姉妹にも遺したい場合には、遺言書（P213）や家族信託（P223）などの相続対策が必要です。

また「親や祖父母は他界していて兄弟姉妹はいる」というケースでは、兄弟姉妹が相続人になり、等分で遺産のすべてを受け継ぐことになります。

注意したいのは、兄弟姉妹の中で一番長生きしたときです。兄弟姉妹も先立っていれば、自分の相続人はいないと思いがちですが、じつは甥・姪には相続権があります。

おひとりさまで亡くなった場合の相続例①

【親がいる場合】

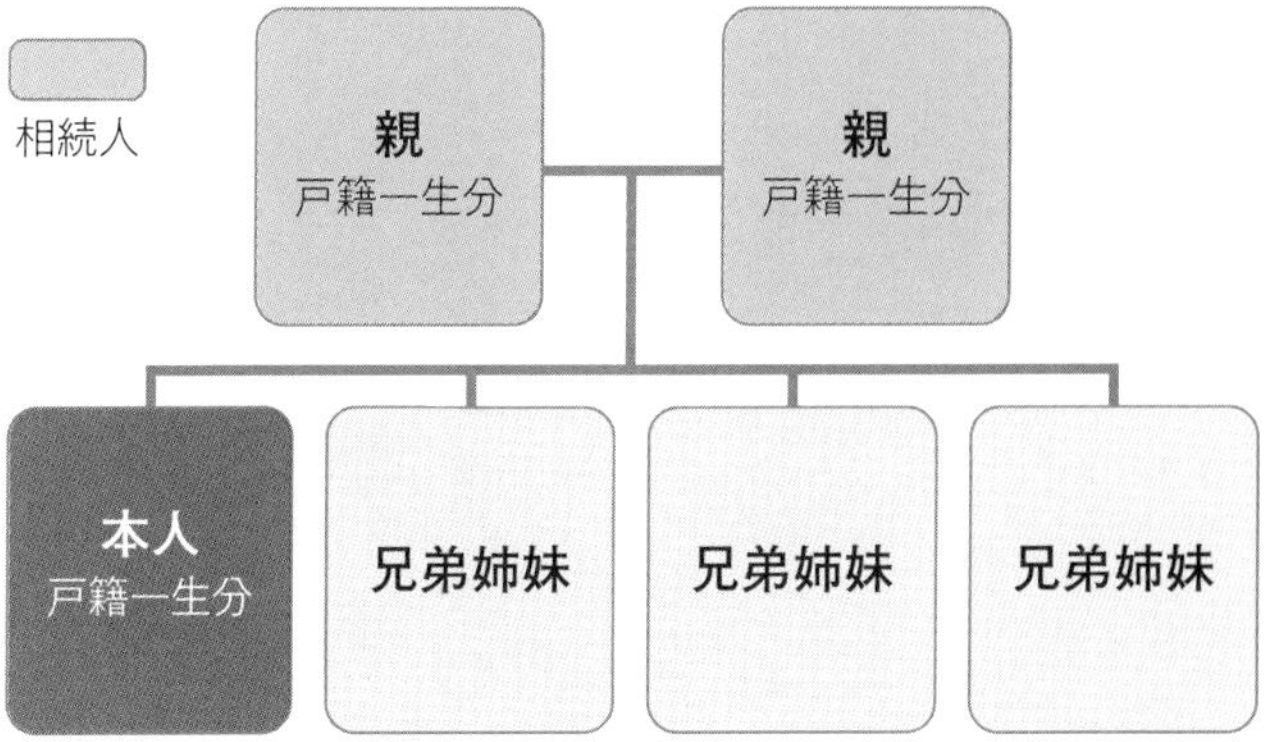

親や兄弟姉妹がいる場合は、親がすべてを相続することになる。親が相続した遺産は、親の死亡によっていずれは兄弟姉妹が相続することになるが、どちらも健在の場合は、親のほうが相続人としての順位が高い。

【親はすでに他界し、兄弟姉妹がいる場合】

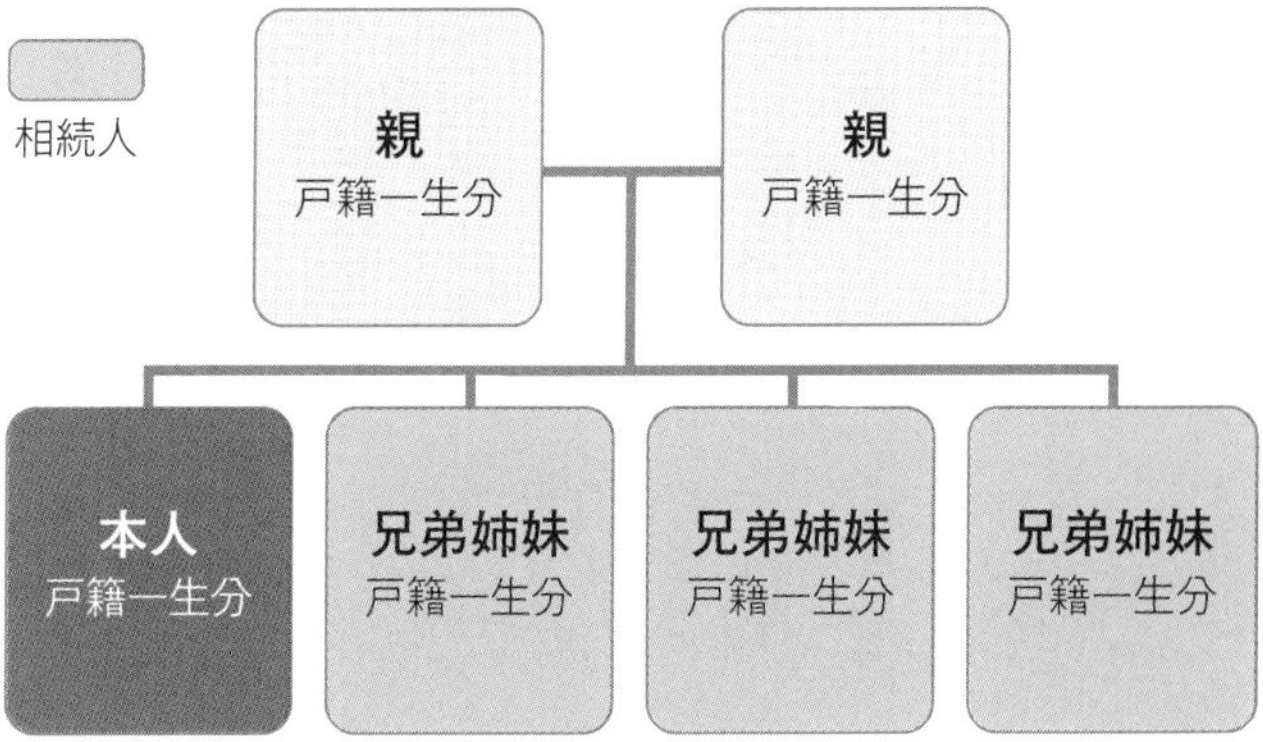

本人(おひとりさま)が亡くなった際に、親がすでに死亡している場合は、おひとりさまの遺産のすべてを兄弟姉妹が等分で相続する。

※「戸籍一生分」とは、出生から死ぬまでの戸籍謄本を、間断なく収集することを指す

たとえば「末っ子で、両親（祖父母）・兄弟姉妹はすべて亡くなっている」というケースでは、本来の相続人の兄弟姉妹の子、つまり甥や姪に〝代襲相続〟されます。したがって、**おひとりさまの遺産のすべてを、すべての甥・姪で等分に分けることになります**が、思いのほか大変です。

そもそも相続人の範囲が親や兄弟姉妹まででおさまるケースよりも大幅に広がり、相続人の全体把握もひと苦労で、そろえるべき戸籍謄本の量も半端ない分量になります。甥・姪にしてみれば、両親不在で聞ける人もいないなか、仕事を持っていて時間がとれない人も。専門家（税理士など）を依頼するお金も必要です。

加えて、今はグローバル社会のため、日本国内だけでなく国外で暮らす甥・姪がいるケースもよくあります。所在を突きとめ、連絡を取って、書類に実印をとりつける作業は、想像以上に手間と時間がかかります。

おひとりさまで亡くなった場合の相続例②

【親も兄弟姉妹もすでに亡くなっていた場合】

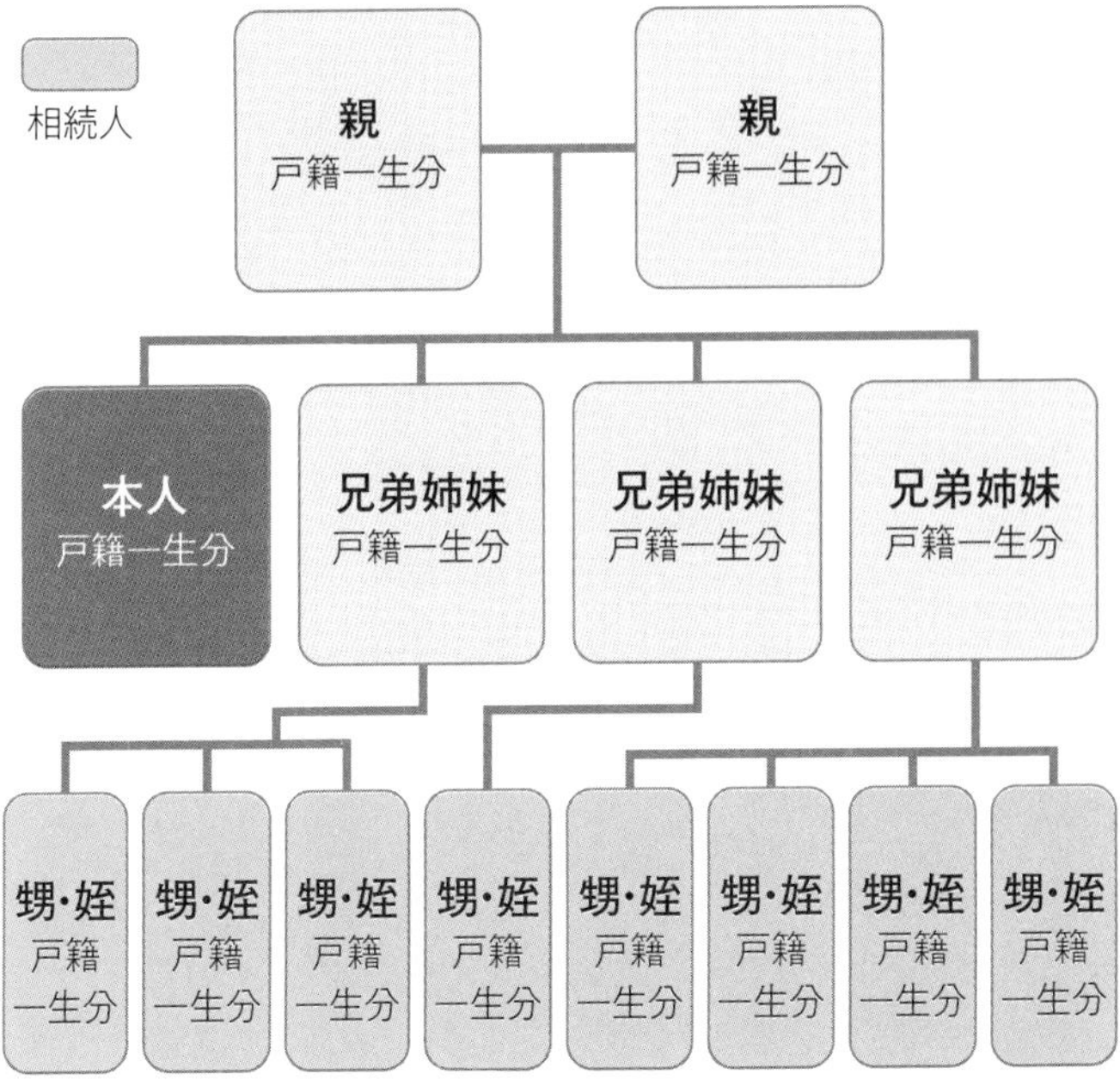

先に兄弟姉妹が亡くなっていた場合は、その兄弟姉妹の子ども（本人の甥・姪）が代襲相続することになる。それぞれに一生分の戸籍（除籍謄本・改製原戸籍・死亡の記載のある戸籍謄本）が必要に。戸籍集めだけで、数ヵ月かかることも。

遺産分割協議書には、甥・姪全員の実印の押印も要るし、印鑑証明も添付しなきゃいけないんだよね。とりまとめる人に対して、なんだか申し訳ない気分になるね……

本当に誰も相続人がいない、という場合はどうでしょうか。具体的には「両親（祖父母）がすでに亡くなっていて、兄弟姉妹（甥・姪）がいない」というケースでは遺産を相続する人はいないことになります。この場合、**おひとりさまの財産は、最終的には国に納められます**。各種の手続きは故人（おひとりさま）の関係者や市区町村の職員などが行います。その一連の手続き（30万～50万円程度の費用がかかる）の過程で、関係者に遺産が分け与えられることもあります。

ちなみに、親族としていとこがいたとしても、いとこは遺産を相続することはできません。また、兄弟姉妹が亡くなっていて、その子である甥・姪も亡くなっていたとしても、その甥・姪の子には代襲相続はされない決まりになっています。離婚したことでおひとりさまになった場合は、離婚した時点で元の配偶者は他人になるので、相続権はありません（元の配偶者に引きとられた子どもは相続人になります）。

おひとりさまの遺産は〝国庫〟に入ることも

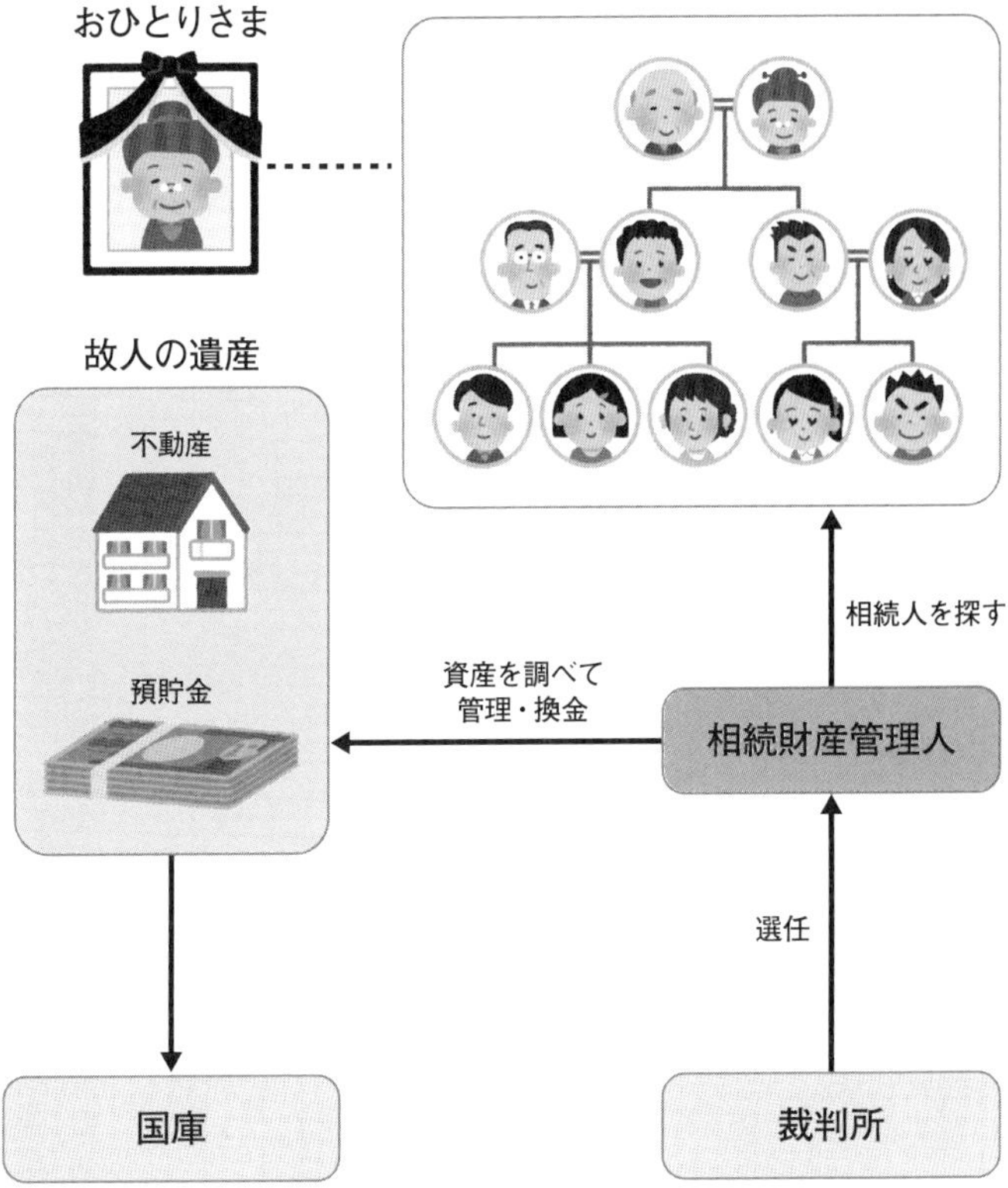

兄弟姉妹や甥や姪もいない場合、遺言書がなければその財産は、これまでおひとりさまの療養看護などをしていた人が、家庭裁判所に申し立てを行い、申し立てが認められればその人にいくことになる。
親族も身のまわりの世話をした人もいないなど、相続する人がいないときは、公的に選任した「相続財産管理人」が遺産を整理し、最終的に国庫に引き継ぐよ。

「おひとりさま」の相続対策とは

特定の甥・姪に頼みたいなら生命保険を使う手も

おひとりさまのライフプランの相談に乗っていると「甥・姪とは仲良くするようにしている」との声をよく耳にします。たとえば、賃貸暮らしをしている人は、連帯保証人を甥・姪に頼んでいる人も少なくありません。

とりわけ、交流の深い甥・姪がいる場合は、遺言書を書いてその甥・姪を相続人に指定しておくのも手です。遺言書を書いていないと、P207のケースのように、相続人である甥・姪が話し合って相続割合を決めたり、法定相続分通り等分に相続することになったりするからです。

「今は長生きの時代だし、老後の生活費で使ってしまって、分けるほどの財産を残せるかわからない」という人は、その甥・姪を受取人にした生命保険に入る手も。ただし、無条件で受取人に指定できるのは2親等以内である配偶者、子ども、両親、祖父母、兄弟姉妹、孫までが一般的のため、対応可能な保険会社を選ぶ必要性も。

生命保険の受取人の範囲

- 生命保険に加入するときには、契約者、被保険者と合わせて、保険金受取人を決める必要がある。
- 保険金受取人は、だれでも指定できるわけではなく、生命保険を利用した犯罪や不正を防止するというモラルリスクの観点から、保険金受取人に指定できる範囲は決まっている。
- 基本的に、配偶者と、子や親などの2親等以内の血縁者となっている保険会社が大半。

「保険金受取人」に指定できる基本的な範囲

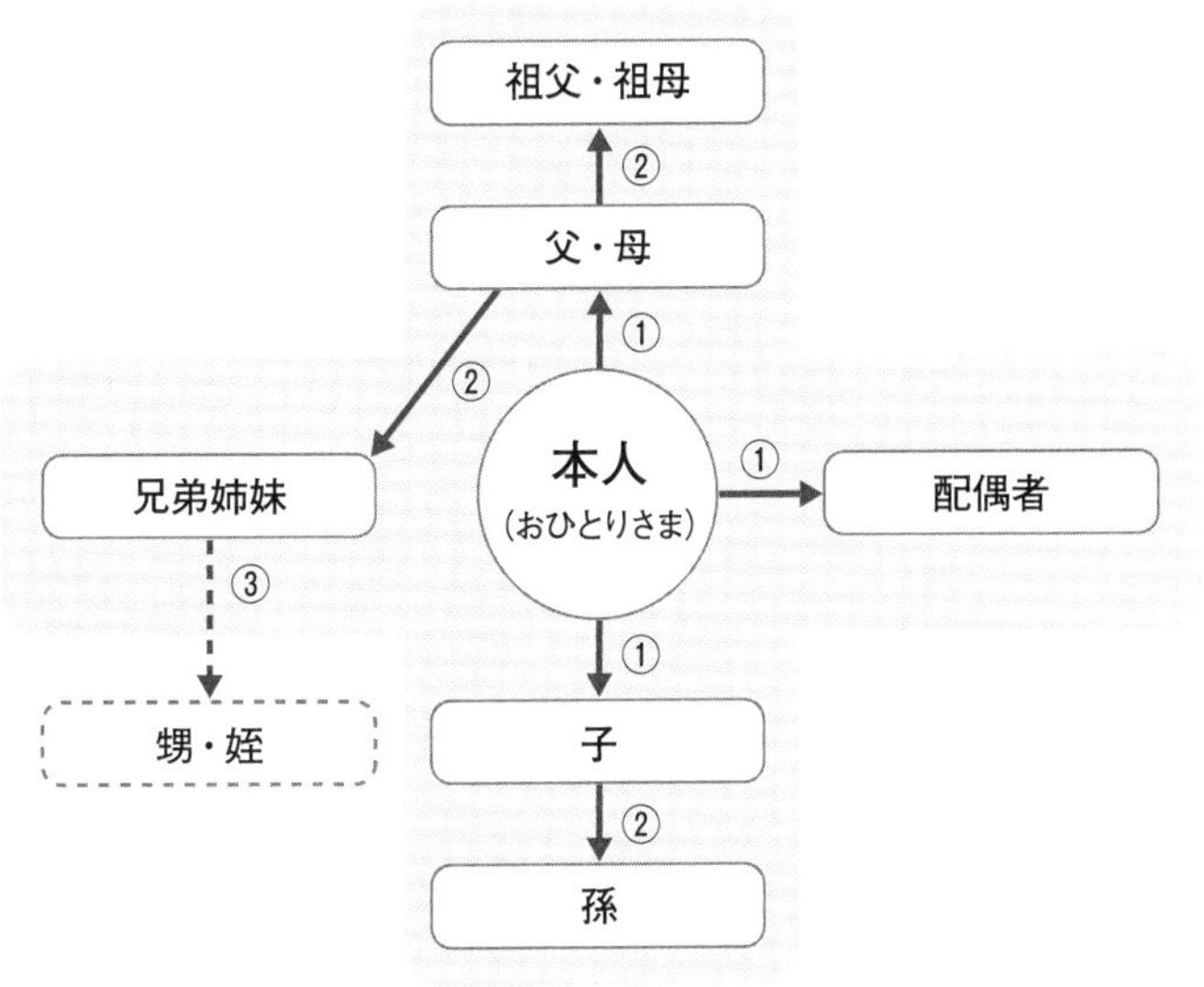

すべての保険会社で「甥・姪」をすんなり保険金受取人にできるとは限らないよ。状況を説明して、保険会社の承認を得る必要があるのが一般的。

遺産の使いみちを自分で決めておきたい場合や、遺産相続で周囲の人の手を煩《わずら》わせたくない場合は、やはり「遺言書」を作成するのが最善です。遺言書を書くことで、特定の甥・姪や生前にお世話になった人に遺産を与えることや、支援したい団体に遺産を寄付することができます。

また、その遺言書の内容をしっかりと実行してくれる人（遺言執行者）も必要になります。遺言書の存在をほかの人に伝えておくことも忘れずに。

なお、遺言書を書くのは、自分で書くのがもっとも安上がりですが、書式の誤りや必要事項の記載もれで無効になることも少なくありません。適切な書き方は、本などでよく調べてからの執筆がおすすめです。２０２０年7月から自筆証書遺言の保管制度も始まりましたので、検討してみるのもよいでしょう。手間と費用がかかりますが、公証役場で「公正証書遺言」を作成するのが一番確実ではあります。

おひとりさまの「遺言書」の例

遺言書

遺言者○○○○○は、以下の通り遺言する。

第1条 私の相続開始時に有する下記を含む財産のすべてを、△△△△△(昭和××年×月×日生。住所××県××市××町×丁目×番地)に包括して遺贈する。

(1) 土地
所在 ××市××
地番 ××番地×
地目 宅地
面積 ×××,××平方メートル

(2) 建物
所在 ××市××
家屋番号 ××番地×
種類 居宅
構造 木造瓦葺二階建
床面積 一階 ××,××平方メートル
二階 ××,××平方メートル

第2条 受遺者は、この遺贈を受けることの負担として、遺言者の葬儀及び埋葬をすること。また、遺言者の葬儀及び埋葬費用及び、医療費等の債務、日常家事債務等一切の債務を、遺言者の有する現金及び預貯金から支払うこと。

第3条 私は、次の者を遺言執行者に指定する。

住所 ××県××市××町×丁目×番地
氏名 □□□□□
昭和××年×月×日生

付言事項
葬儀は密葬で行ってください。私は、生まれ故郷の近くに埋葬されることを希望します。
葬式後××××に納骨してください。

令和××年××月××日

(遺言者住所)
遺言者 ○○○○○ 印

もしも**〝身寄りのない人〟**として亡くなった場合は、**住んだ家の家主や民生委員、地方自治体の長が、最低限の葬儀や埋葬はしてくれます。ただ、葬儀は僧侶による読経もなく、通夜も告別式もない直葬で、無縁仏として合祀**されます。

「こんな葬式にしてほしい」「亡くなったときはこの人たちに連絡してほしい」「遺されたペットの世話をお願いしたい」「パソコンや携帯電話はデータ消去のために廃棄してほしい」といった希望がある場合は、「死後事務委任契約」を結ぶことも一策です。

あらかじめ信頼できる友人がいれば、自分の死亡後の諸々の手続きを依頼しておくことで、葬儀や納骨・住んでいた家の遺品整理等も、依頼された人が行うことができます。依頼する相手は、信頼できる親戚や知人・友人にすることもできますが、税理士・行政書士・司法書士・弁護士等といった専門家に頼むこともできます。

死後のことは契約で頼める

死後事務委任契約

死後に発生する死後事務の全部、または一部の処理を委任する契約のこと。自分の意思を託すものに「遺言書」があるが、遺言書は「遺産を誰に譲るか」など、財産継承に関することしか記載できず、葬式やお墓の希望を書いても、法的に効力を持たせることができない。「死後事務委任契約」であれば、そうした遺言書では実現できない希望を叶えることが可能。

【死後事務委任契約のメリット】

・死亡届の提出といった役所の手続きなどに加え、水道やガス、携帯電話の契約解除といったことまで依頼できるため、周りに頼れる親族がいなくても死後の事が安心。
・葬儀や納骨の方法等、自分の希望を、生前に伝えることができる。
・親族(たとえば甥・姪など)がいるが、迷惑をかけたくないという場合も迷惑をかけずに済む

【死後事務委任契約のデメリット】

・司法書士・税理士・弁護士などに依頼すると専門家報酬がかかる。
法律行為がからむ場合は弁護士に依頼。
・死後の遺産管理の代行はできない。

【死後事務委任契約にかかる費用例】

[契約書作成料]
数十万円

[公証人役場手数料]
契約書を公正証書にする場合、1万1000円ほどかかる。

[死後事務を行うための報酬]
死後の葬儀や納骨等の事務を行ってもらうための報酬のため、どこからどこまでを依頼するかにより変動する。通常は約50万～100万円程度。

[預託金]
死後事務を行うには、葬儀費用・遺品整理費用・納骨費用等のさまざまな経費が発生するため、その必要経費を生前にあらかじめ概算で見積り、依頼先の専門家に預ける必要あり。

おひとりさまに限らず、自分が亡くなった後の葬儀について、不安を抱く人は少なくありません。そこで**最近、じわりと増えているが、葬儀社と葬儀の生前予約**をする方法です。

葬儀の詳細を具体的に決めることができたり、知人への自分が亡くなった事実の連絡も頼むこともできたり、遺影を事前に用意することもできたりするので、きちんとしたお葬式を確実に実行できる安心感があります。

ただ、やはり気がかりなのは、葬儀費用の支払い方法です。葬儀社にあらかじめ葬儀費用相当額を預託し、その費用を葬儀費用に充てるというところが主流ですが、その葬儀社に依頼していることを遺族などが知らずにほかの業者に依頼してしまうのはありがちなことです。逆に、その葬儀社が倒産してしまった場合には、預けたお金が戻ってこないリスクもあるため、注意が必要です。

葬儀社に生前予約する

【葬儀費用の目安】

[通夜からの飲食接待費]…………………… 30.6万円
[寺院の費用](読経・戒名・お布施)…… 47.3万円
[葬儀一式費用]……………………………… 121.4万円
[葬儀費用合計]……………………………… 195.7万円

出典：一般財団法人日本消費者協会「第11回葬儀についてのアンケート調査」
各項目の金額は費用を把握できている人の平均値のため、葬儀費用の合計とは一致しない。

【葬儀の生前予約のメリット】

・葬儀費用について事前に把握できる
・葬儀にかかる費用を安くすることができる
・残った家族の負担を軽減することができる
・時間をかけて納得のいく葬儀を検討できる

【葬儀の生前予約のデメリット】

・契約した葬儀社が倒産する可能性がある
・近親者の中には生前予約にいやな顔をする場合がある
（本人は火葬のみ行う葬儀を希望していても、親族はしっかりお別れをしたいと考えているなど）

葬儀社の倒産が心配なら、業者だけしぼりこんでおいて【死後事務委任契約】を結んだ人に、その葬儀社で行ってほしいプランを頼んでおく、という手もあるよ。

「おひとりさま」のお墓問題とは

〝先祖代々の墓じまい〟に苦慮する人が多い

おひとりさまが抱えるお墓の問題は「先祖代々のお墓」と「自分のお墓」をどうするかに集約されます。先祖代々の墓に自分を入れてほしい、とだれかに頼むことはできるにしても、最終的にはその墓をだれが守るのかを考えて〝墓じまい〟を検討する人も増えています。

自分自身のお墓は、同年代の同じような悩みを持っている人と一緒に、見学ツアーなどに出かけてじっくり検討すればよいでしょう。〝先祖代々の墓じまい〟も、そのタイミングで選んでいけばよいのではと考えている人が多いのですが、じつは、こちらは早めに親に相談しておくのがおすすめです。というのは、たとえば菩提寺がある場合には数十万～数百万円もの離檀料を請求されたり、墓石の撤去費用がかかります。ひとりで負担するには重いので、最終的に親世代に墓じまいの相談をして、前もって費用のカンパをしてもらっておくのがおすすめです。

お墓を生前予約する

【おひとりさまに関心の高い3タイプのお墓】

自然葬（散骨・樹木葬）	永代供養墓	個人墓
遺灰を海にまいたり、樹木の下に埋める形で自然にかえす方法。	お寺や霊園が遺骨を預かり、永代にわたって供養してくれる埋葬方法のこと。	永代供養の一種で、ひとりだけで入るお墓のこと。一定の契約期間が終わると合祀墓に移される。

【お墓の生前契約の留意点】

・依頼した業者が倒産するリスクがある
・確認する家族がいないと契約通りに実行しない可能性がある

お墓の予約も、葬儀と同様、やっぱり【死後事務委任契約】がデメリットを解消する手立てになるよ。

【先祖代々の墓を〝墓じまい〟する際の留意点】

・自分がひとりっ子の場合は、親や親の兄弟姉妹（未婚の叔母など）が亡くなるまで、墓じまいできない可能性がある
・檀家を離れる際に、菩提寺から法外な金額を請求されることがある
・墓石の処分費用などがかかる

オールマイティなのは弁護士。専門家報酬に注意

相続に関わる専門家を知っておこう

世の中にはさまざまな「契約」がありますが、自分が亡くなったあとのことを頼むのも、やはり「契約」に基づいて頼むことになります。**特に、おひとりさまの場合、無条件で頼める親族が見当たらないケースも多く、自分の希望を叶えるような最期の在り方を望む場合には、専門家の力を借りて乗り越えることも検討する**ことになります。

そこで気になるのが、それぞれの専門家の守備範囲です。左の表のような差があるため、頼んだものの「それはできない」と言われてしまう可能性も。専門家のため、報酬が発生するのもネックです。

依頼前に、業界の無料相談でどのような対応をしてもらえるのかの感触をつかんでみるのも手。オンラインの検索で、たとえば「弁護士　無料相談」などで検索すると無料相談を探せます。

相続関係で困ったときの専門家

相続関係で困ったときによくすすめられる「専門家」。でもその違いがよくわからないという人は少なくない。専門性の守備範囲を知っておこう。

弁護士

弁護士は、弁護士法に基づいて、訴訟事件・非訟事件やその他の法律事務を取り扱う専門家。当事者の委託を受けて交渉や裁判の代理をすることができるのは弁護士だけで、その他司法書士や行政書士が行う事務も、法律事務として取り扱うことができる。

弁護士は相続においては、相続税・贈与税の申告と不動産の評価や売却以外のことは何でも相談できる。

司法書士

司法書士は、裁判所提出書類および法務局に提出する書類を作成する専門家。

遺産相続においては、相続財産に不動産がある場合の相続登記を代行したり、相続放棄に関する手続きの代行が可能。

税理士

税務申告に関する業務を行う専門家。

遺産相続においては、相続前の対策として生前贈与を行う場合の贈与税の申告と、相続が発生した後に相続税の申告を行う。税理士登録をしていると行政書士登録が可能。

行政書士

行政に提出する書類や事実関係に関する書類を作成する専門家。

遺産相続においては、遺言書の作成や遺産分割協議書の作成を中心にした相続手続業務を行っている。これらはあくまで書類作成で、ほかの相続人との交渉などは含まれない。

コラム5

知っておきたい「成年後見制度」

認知症などで判断力が衰えることは、おひとりさま最大の不安かもしれません。そんなときに備える「成年後見制度」は、2000年にできた制度です。認知症と判断されると契約行為が成り立たなくなったり、財産管理ができなくなったりする可能性が出てきます。そこで、もしも、認知症が重くなってひとりで生活できなくなったときに、誰かが財産の管理をしたり、特別養護老人ホームなどの施設などに入る際には“後見人”が本人に代わって契約したりと、お金の管理をするというしくみです。

“後見人”になる人は、認知症が重くなったことに気づいた人が行政に伝えることで家庭裁判所が指名した弁護士などがなるケース（法定後見）と、おひとりさま本人が元気なうちに指名した人がなるケース（任意後見）があります。

ただどちらも後見人になるのは他人なので、それなりの報酬が発生する点は理解しておきたいところです。後見人の仕事には、本人に不利益が出る財産処分などはできない、といったしばりがあり、家庭裁判所がその仕事の内容をチェックします。

いつか判断能力が衰えてしまったときに備えるなら、できることなら、任意後見を利用するために、元気なうちに信頼できる人を指名しておくしくみのほうが安心ですね。どんな施設に入りたいといった希望を前もって伝えておくこともでき、いくら報酬を払うかといった内容も前もって約束できるため、自分の意思を反映しやすいです。

信頼できる人がいたら、視野に入れておくといいでしょう。親に、もしものことがあったときに備える場合も、そして、自分の場合でもともに役立つ制度なので、次のコラムの「家族信託」「民事信託」と合わせて、前向きな検討がおすすめです。

コラム6

よく聞く「家族信託」「民事信託」とは

最近よく話題になる「家族信託」「民事信託」という言葉。2007年に設けられた新しい制度で、どちらも、内容はほぼ同じで、信頼できる家族・友人・知人などに財産管理を任せられる制度です。

「信託」とは財産を信じて託すしくみの制度のことで、ざっくり言えば、営利目的の商事信託と、営利目的ではない民事信託に大別されます。この民事信託の中でもとりわけ家族間の資産の約束事を決めることを「家族信託」と呼ぶことが多いです。

家族信託は、営利を目的としない家族や親戚が任されることになるため、任された側は、財産管理などを任されても、報酬を得ないことを前提にしています。家族信託（民事信託）は、家族間だけでなく、友人や知人、弁護士、法人などの第三者とのあいだでも契約を結ぶことができます。

さて、持ち家があり、認知症が重くなったら現在の住まいを速やかに処分し、そのお金で施設の入居費や生活費に充ててほしいといった場合、「家族信託」で甥・姪に自宅財産の処分と年金管理を頼めれば安心ですね。これが、成年後見制度となると、本人に不利益になる可能性があると判断された場合は、後見人は住まいの処分はできない可能性があります。

なお、他人に頼むことになり、報酬が発生する成年後見制度よりも、信頼関係に基づく「家族信託」のほうがコストは少なく済みそうに思う人も多いです。とはいえ、「家族信託」の場合は預けた財産がどのように処分されても保証されないリスクがある点は注意が必要です。

どちらがいいかについては、自分の考えや財産の状況、託す人との信頼関係などを考慮して判断するとよいでしょう。

【著者プロフィル】

竹下さくら（たけした・さくら）

ファイナンシャル・プランナー（ＣＦＰ®）、１級ファイナンシャル・プランニング技能士、宅地建物取引士資格者、千葉商科大学大学院会計ファイナンス研究科（ＭＢＡ課程）客員教授、東京都中高年勤労者福祉推進員。

慶應義塾大学商学部にて保険学を専攻。卒業後、損害保険会社・生命保険会社の本店業務部門などを経て、１９９８年よりＦＰとして独立、現在に至る。「なごみＦＰ事務所」を共同運営。個人向けのコンサルティングを主軸に、講師・執筆活動なども行っている。

著書は『「家を買おうかな」と思ったときにまず読む本』『「保険に入ろうかな」と思ったときにまず読む本』『「教育費をどうしようかな」と思ったときにまず読む本』（以上、日本経済新聞出版社）、『書けばわかる！わが家にピッタリな住宅の選び方・買い方』（翔泳社）、『スピードマスター　１時間でわかるやれば得する！保険の見直し１００の鉄則』（技術評論社）など、多数ある。

■カバーデザイン：tabby design

幸《しあわ》せな「ひとり老後《ろうご》」を
送《おく》るためのお金《かね》の本《ほん》

発行日　2021年　1月27日　　第1版第1刷

著　者　竹下《たけした》　さくら

発行者　斉藤　和邦
発行所　株式会社　秀和システム
〒135-0016
東京都江東区東陽2-4-2　新宮ビル2F
Tel 03-6264-3105（販売）Fax 03-6264-3094
印刷所　日経印刷株式会社　　Printed in Japan

ISBN978-4-7980-6353-9 C0033

定価はカバーに表示してあります。

乱丁本・落丁本はお取りかえいたします。

本書に関するご質問については、ご質問の内容と住所、氏名、電話番号を明記のうえ、当社編集部宛FAXまたは書面にてお送りください。お電話によるご質問は受け付けておりませんのであらかじめご了承ください。